開運心願に導く最強の味方！

《守護神》との超対話

まありん

「この世」で一番の心強い味方
守護神にしっかり繋がり応援されることが開運心願となり
さらに〝魂の望む人生〟を創造する上でとっても大事な鍵に
天上界からのライブ配信サポートをキャッチしながら
ぶち当たる山あり谷ありの人生迷路（課題）のゲームを
一つひとつコンプリート＆ステップアップしていきましょう！

守護霊まありん

はじめに

これは、一人の女性が、天上界で自分の守護神、守護霊と一緒に設定した人生の迷路ゲームを歩んでいく物語です。

実は、私たちは生まれる前に、用意周到に現世に向けて様々な準備をしてきているのですが、生まれ落ちる時に、忘却の水を飲み、全てを忘れてこのゲームに参加するのが天上界のルールなのです。

本書では、彼女の守護霊まありんと、普通の人代表のAさん（30代男性）が、人生迷路の上から彼女を見守りながら、漫才のボケとツッコミよろしく対話していくという、一風変わった小説仕立てになっています。まあ、形式は、テレビの副音声のようなものだと思って読んでみてください（テレビの出演者には聞こえていないように、主人公にも上からの声は聞こえません）。

Aさんは「目に見えない世界」のことにあまり詳しくないので、普通の人目線で質問をしたり、意見を述べたりしています。なのでこの本は、「守護霊？　何それ」「魂ってよくわからない」「スピリチュアルってなんだかね〜」とか思っている方にもおススメです。

物語を読み進めていくうちに、自然と「目に見えない世界」の仕組みがわかり、ご自身の守護神や守護霊に親しみを覚えるようになるでしょう。そして、彼らは決して架空の存在ではなく、私たちの最大の味方であり応援団であることが、なんとなくでも感じることができたら、人生はどんどん面白いほうに舵を切ることができるようになります。なぜなら、認知されたらその力は発動し、強化されるからです。

精神世界が大好きな方は、さらに「目に見えない世界」と交流し、自分の魂の青写真に沿った願いの成就に追い風が吹くでしょう。それが必要なら、必ず成就されていきます。

そして、どんなことがあっても、神の分身である自分という存在を慈しみ愛し、楽しむことができるようになります。

「目に見えない世界」への関心の度合いがどうであれ、この本を読むだけでどんどん波動が上がっていきます。なぜなら、そのような言霊がこの本にちりばめられている仕掛けになっているからです。顕在意識だけでなく、潜在意識にも浸透していきますので、それを受け取ってじっくり味わってみてくださいね。

各章末には、実際に「目に見えない世界」にしっかり応援されるための実践ワークなどもご用意しています。

物語の主人公の人生を読んで追体験しながら、ご自身の生活にもうまく投影してぜひ役立てていってください。

最後に、登場人物Aさんをちょっとご紹介しましょう。

彼はスピリチュアルにはほとんど関心がないサラリーマンです。会社の飲み会の帰り、駅の階段で足を踏み外し、派手に階段落ちしました。そして意識不明のまま、病院の集中治療室で眠っています。でも、彼の人生はまだバッドエンドになる予定ではないのです。

彼には生まれる前に、天上界で約束してきた大事なミッションがありました。それは、過去世でご縁があったまありんと一緒に5次元で、意識が戻るまで人生の成り立ちを学んでいきます。そして、意識が戻った暁には、今までと全く違った生き方をする、という彼のどんでん返しの人生ゲームが起動するのです。

最悪に見える状況の中にも光の道は用意されている、試練の中にこそ宝は隠されている、ということの本の中で通奏低音のように流れているテーマに相応しい人物ではないかと思います。いかに「目に見えない世界」に興味がなくて、毎日の生活にきゅうきゅうとしていても、ちゃんと「目に見えない世界」から守られ愛されているのですね。

それではご一緒に、自ら設定した条件に苦しみ迷いながらも、守護神や守護霊に導かれ、ゴールにたどり着く女性の魂の成長の物語をお楽しみください。

《守護神》との超対話　目次

カバーデザイン　三瓶可南子
カバー背景絵&キャラクターイラスト　Ayumi
校正　麦秋アートセンター
本文仮名書体　文麗仮名（キャップス）

第1章

第1の迷路

～自分自身をもっと愛してゾーン～

一人の女性が迷路に足を踏み入れる。男性Aと彼女の守護霊まありん（Mと表示）がそれを迷路の上から見ている——。

A：わあ、綺麗(きれい)な人ですねえ。

M：思井浅子さん、30歳よ。雑誌のモデルをしているの。

A：どうりでスタイルも抜群ですね。けっこう、いいえ、かなり僕のタイプかも……。これは楽しみになってきたなあ。

でも、表情が暗いし、なんか元気ないですね。

M：彼女はさっき、モデル事務所から解雇通告を受けたばかりなのよ。

A：えっ、どうしてですか。こんなに美しいのに。

M：見た目はね。でも心が伴っていないのよ、残念なことに。生い立ちのせいもあって、性格がブスでブスでどうしようもないわ。

A：あのう、まありんさん、一応彼女の守護霊なんだから、嫉妬はナシでお願いします。

M：誰が嫉妬なんかするものですか。私は彼女を生まれる前から知っているのよ。このゲームの条件も障害物も一緒に考えたんだから。ちょっと厳しすぎた感はあるけれどね。

A：厳しすぎた？　どんな生い立ちなんですか。

M：驚かないでね、実は浅子さん……人間とハ虫類のハイブリッドなのよ～！

A：え～～っ、マジすか?!　そんなことってあるんですか?!　それはあまりにもキツイ生い立ちですね～。

M：そんなことあるわけないでしょ。ほんとにあなた、見た目通りのおバカね。この私が若い女に嫉妬したなんて言うから、ちょっとからかってみただけよ。

A：ちっ、根に持っていたのか、めんどくさい霊だなあ……。

M：えっ、なんか言った？

A：いえ、まありんさんも十分お美しいと……。

M：おほほほ～、そんなことは言われなくても百も承知よ。守護霊界のマドンナとは私のことよ。

A：はいはい。ではそろそろ本題に入っていいですか。彼女の本当の生い立ちを教えてください。

M：そうね。彼女は、小さい頃に両親が離婚して、母親の手で育てられてるの。母親は気さくな人で、小さなスナックを任されて、結構繁盛していたわ。忙しいから、彼女の世話はどうしても二の次になってしまうの。彼女が学校から帰ると、いつもテーブルに晩ご飯代としてお金が置いてあったわ。小学1年生からずっと、彼女は独りぼっちでコンビニのご飯やパンを買って食べていたの。

A：親の愛に飢えた設定ですね。浅子さん、大丈夫かな。

M：だからサポーターも同時にたくさん設定しているわ。浅子さんは忘れているかもしれないけど、近所の子だくさんの奥さん、彼女を不憫に思って、よく彼女の家に栄養バランスのいいおかずを届けてあげていたわ。お誕生日には、自分の家に招待して、手作りのケーキとともに家族でお祝いしてあげたりね。一人っ子の彼女に、兄弟の雰囲気も味わわせたかったのね。

A：その人はサポーターなんですね。自分の役割をわかってやっていたのですか。

M：いいえ、その人も忘却の水を飲んでこのゲームに参加しているから、ここでサポートしないと、とかいう意識はなかったと思うけど、魂レベルでは覚えているから、どうしてもそうしたかった、ほうっておけなかったという感じかしら。**頭では理解できない、やむにやまれぬ行動というのは、魂の次元での約束事が多**

いわね。

A：そうなんですね。
あっ、まありんさん、大変です。浅子さんがレストランのトイレに入って、食べたものを自分から全部吐いています。なぜこんなことを。もったいないじゃないですか。

M：高校生の時からずっとそうよ。自分より細い女の子を見るたびに、負けたくないと思うようになったみたい。彼女は油断すると太るタイプなの。私から見たらもう少し太ってもいいくらいだけどね。
彼女にとっての武器は、美しくあること。美しくなければ愛されないと思っているわ。
モデルになってその傾向がさらに加速されたわね。

A：もう十分細くて吐く必要なんかないのに。そのままで綺麗なのに。
あ、だけどモデル事務所解雇されたんですよね。

M：言ったでしょ。彼女は性格ブスなの。ちょっと彼女のつぶやきを聞いてみる？

浅子：何よ、あの社長のやつ！　私がこんなにプロポーションを維持する努力をしているのを知らないで、30歳になったとたん、手のひら返したみたいに冷たくなって！

あの21歳の新人モデルのせいね。この頃やたら売れ出したわ。社長に取り入ったに違いないわ。

だから、ちょっとした彼女の過去の悪い噂をネットで流してやったわ、整形疑惑もね。

なのに、なんで彼女にCMの話が来て、私は解雇なの?!

こうなったらあの事務所のあることないことをネットで書いてやる！　あのモデルと社長の不倫疑惑も。今に見ていなさい。私を切ったことを後悔させてやる!!

A：怖っ！　僕、だから綺麗な女の人苦手なんですよね。プライド高すぎ。
M：自分が綺麗な女の人と付き合ったことがないのを、変にすり替えないで。
別にプライドは高くてもいいのよ、私を含め、美人はどうしてもプライドは高くなるわ。
でも、真のプライドは、自分の在り方に対する自信や誇りのことで、バカにされたくないという劣等感の裏返しや、虚栄心からのものではないわ。

A：僕の元カノは結構綺麗でしたよ。今どこで何してるのかなあ……（遠い目）。あ、今度は浅子さん、電話していますね。どこにかけてるのかな。

M：たくさんいるボーイフレンドの一人でしょ。たぶん、すぐに真っ赤なポルシェで迎えに来るわ。

A：ほんとだ。すぐ来た。仕事してるのかな、この人。やけにチャラいし。

M：類は友を呼ぶだわ。この男も虚栄心の強い、頭空っぽのボンボンで、親の遺した（のこ）お金で遊びまくっているの。
お金が自分の力のバロメーターだと思ってるけど、自分で稼いだお金じゃないから、バカみたいな使い方をしてるわね。天才的なバカボンボンよ。
付き合う人たちは、自分を映す鏡だから、今の自分のレベルを知りたかったら周りの人たちを見てみることね。パートナーは特にね。
この二人は孤独をなめ合ってるだけの関係なの。彼も小さい頃から仕事に夢中の両親にほったらかしにされて、お手伝いさんに面倒を見てもらっていたの。高校生の時に飛行機事故で両親を亡くしてから、お金が彼の保護者になったのよ。まあそれも彼の人生ゲームの条件なんだけどね。

A：お金を遺してくれる親がいて、ある意味うらやましいですね。うちは借金しか遺してくれなさそう……。あっ、二人さっそくホテルに入りましたけど。それも超がつく高級ホテルに。

M：この男も見栄っ張りだから、普通だと満足しないのよ。本当に変なプライドよね。さあ、これからが楽しみね。うふふ。

A：まありんさん、悪趣味だなあ、二人のベッドインを覗くつもりですか。しょうがないなあ、それでは僕も……。

M：パコーン（Aの頭をはたく音）。何言ってるの、いやらしい。違うわよ。これからの二人の関係性の変化が楽しみという意味よ。黙って様子を眺めていなさい。

A：痛いなあ、もう。暴力はやめてください。

M：ほら、あのバカボンボンが彼女に別れようって言ってるわ。

A：えーっ、展開早っ。どうしたんですか。何があったのですか。

M：彼女がモデル事務所を解雇されたことを話したからよ。

A：それが何で別れ話に？

M：彼は、モデルと付き合っているということがステータスなの。

ふつうの綺麗な女じゃ満足しないの。グラビアアイドルなんかも好きよね。

Ａ：じゃあ、別に浅子さんじゃなくてもいいんですね。浅子さん、可哀そう。

Ｍ：彼女も本当に彼のことを好きじゃないから大丈夫よ。

お金を持っていて、ちやほやしてくれるから付き合っていただけのこと。

どちらも浅はかよね。まあ本当の愛が何かをまだ知らないから仕方ないけど。

Ａ：本当の愛……僕も知ってるかどうか自信ないなあ……。

Ｍ：みんなそうよ。愛の名を借りた自分勝手な思いのオンパレードよ。

これは、自分の命を懸けて、本当の愛とは何かを学んでいくゲームでもあるの。

だから早めにこの、愛とは程遠い関係性が終わってよかったのよ。

こんな関係をいつまでも続けていてもお互いにとっていいことはあまりないわね。

エゴのニーズが一致しているだけの、成長のない刹那(せつな)的な関係性だから。

Ａ：僕だったら、自分の彼女が落ち込んでる時に別れ話なんかできないけどなあ。

でもこれでよかったんですね。

Ｍ：そうよ、**三次元の見えかかりの現実と魂レベルでの真実は、真逆なことも多いわ。**

試練は忌み嫌うものではなく、呼びかけで、チャンスでもあるのよ。この呼びかけをしっかり受け止めて、今までの人生の軌道修正をしないと、迷路でずっと迷い続けることになるわ。

A：あれ、でも浅子さん落ち込むどころか、また次の男性を呼び出してますね。

M：断られるわよ。今日は彼の可愛い娘さんの誕生日だから、彼女とデートするわけにはいかないもの。

A：えっ、彼女、不倫もしてるんですか?! 何やってるんですか、もう。

M：彼女を必要として、ちやほやしてくれる人なら、未婚既婚は関係ないのよ。高校生の時から、寂しさを紛らわすために、誰とでも付き合ったわね。同時進行で。

A：まありんさん、守護霊として黙って見ていたんですか？そんなの普通じゃないですよね。

M：あなたそんな顔して結構常識派ね。何が普通かなんて、人それぞれよ。**人はいろんな体験をしたくてこのゲームに参加してるの。遠回りに見えても、無意味なことは何もないわ。**その経験をしたからわかることもあるのよ。私たちはただそれを、辛抱強く愛を持って見守るだけなの。守護霊だからと言って口出したり、勝手に軌道修正はできないのよ。

　ほんとに忍耐のいる仕事だわ、守護霊って……（ため息）。

Ａ：そうなんですね。まありんさんと忍耐って、ワイキキビーチにいる白クマくらい似合ってませんけどね。

Ｍ：誰が白クマよ。そのたとえ、面白くもなんともないし、よくわからないわ。村上春樹さんをもっと研究しなさい。

Ａ：あっ、浅子さん、ほんとに断られた。今度はちょっと心折れてますね。携帯電話を握りしめたまま、茫然（ぼうぜん）としていますよ。

Ｍ：また彼女の心の声を聞いてみましょう。

浅子：何よ、みんな。私のことなんてどうでもいいのね。お母さんだって私のことより仕事や彼氏が大事だった。お父さんだって、大好きだったのに、私たちを捨てて他の女の人のところに行っちゃったし。まだ幼稚園児だったのに、私のことは可愛くなかったの？　私、こんなに綺麗なのに、それでも誰も本当には愛してくれないの？　いつだって独りぼっちだわ。もう、こんな人生やめてしまいたい。

きっと今私が死んでも、誰も悲しんではくれないわね。でも私がどんなにみじめで悲しかったか、お母さんとお父さんにわからせることはできるかも。私が死んだら、あなたたち、一生罪の思いを背負って生きていくがいいわ！

A：わあ、大変だ、自殺を考えてる！
まありんさん、なんとかしてください。まだ迷路をそんなに進んでないのに、もうバッドエンドになりますよ！

M：大丈夫よ。いつもの彼女の浅はかな思考回路だから。

本当に死ぬ気なんてないのよ。

でもそろそろこの被害者意識満載の思考パターンから抜け出す時期ね。

自分の人生の不幸のあれこれを、親の育て方のせいにするのには有効期限があるのよ。

強力な助っ人を登場させましょう。

30歳にもなってまだリストカットをしているようなら、彼が出てくることになっているの。

A：あっ、今、母親に自殺予告の電話をして、リストカットしましたね！

M：救急車が来て病院に搬送されました！

母親もよくわかってるから、すぐに救急車を呼ぶの。

それもお約束よ。バッドエンドにならないためのの。

A：みんななんらかのお役目を担っているんですね。

M：このゲームの登場人物は、彼女のソウルグループの仲間だもの。

憎まれ役だって、ゲームには必要だから、わかっていて引き受けてくれるのよ。

みんなが彼女に優しかったら、ゲームとして面白くないでしょ。成長もしないし。

A：その人は人間ができてますねえ。

僕は憎まれ役なんか絶対に嫌だな。

M：ソウルグループの中でも、関係性が特に深い魂が、その役を引き受けることが多いわ。

誰だって憎まれるのは嫌だから、本当に彼女を愛している魂しか引き受けられないわね。

A：それはちょっと感動的ですね。

僕も本当に愛する人の成長のためなら、憎まれ役を買って出るかな。

M：さあ、助っ人の登場よ。ちょっとこれから物語に集中しましょう。

～病院のカウンセリングルーム～

月読平：初めまして、思井さん。精神科医の月読平（ツキヨミヘイ）です。
　これから定期的に思井さんのカウンセリングをすることになりました。

浅子：……。そんなこと頼んだ覚えはありませんけど。

月：あなたのお母さんからのご依頼で、カウンセリング料もいただいています。

浅子：母が？

月：はい。あなたが何度もリストカットをして、自殺を試みるのは、自分に責任がある、とおっしゃっていました。
小さい頃から仕事に忙しくて、あなたにちゃんと関わってあげられなかったからだと。

浅子：ふん。今さら言われてもね。

月：浅子さんとお呼びしてもいいですか。
カウンセリングといっても、そんなに堅苦しいことではないんです。
浅子さんのお気持ちを聞かせていただくのが主になります。

浅子：別にしゃべることなんて何もありません。それより早く家に帰りたいんですが。

月：そうですか。無理強いはしませんよ。
では、今日は顔合わせだけということで、お帰りいただいても結構ですが、一つだけ、お聞きしてもかまいませんか。

浅子：なんですか。

月：浅子さんは、イライラしたり、煮詰まったりした時に、気分転換のために出掛ける場所はありますか。

浅子：……今思い浮かぶのは、クラブみたいな場所かしら。
そこで友達とお酒飲んだり、音楽聴いたり踊ったりしていたら、少しは気分が紛れたりはしますね。

月：そうなんですね。それはいいですね。音楽や踊りが好きなんですね。

浅子：はい。現実を忘れられますから。

月：なるほど。
では、今日お帰りになる時に、クラブではなく、戸外で気持ちのいい場所を見つけてください。
そこで少しだけ、静かな時間を過ごしてみてください。

あ、それからこの手紙、お渡ししておきます。あなたのお母さんからお預かりしたものです。

浅子：手紙？　お母さんが私に？

月：はい、ではまた来週ここでお待ちしていますね。お気をつけてお帰りください。宿題をお忘れなく。

A：なんかすごくいい先生ですね。

男性なのに、物腰が柔らかくて、すべてを受け止めてくれそうな、安心感のある先生ですね。

M：ふふふ。そうでしょ。でも彼は昔すごく荒れていたの。

暴走族に入り、警察のお世話になったことも1度や2度ではないわ。

暴走族の間の闘争に巻き込まれて、死にそうになったこともあるわ。

それこそバッドエンドぎりぎりまで何回も行ったわね。

その度に、彼の守護神であるツクヨミノミコトが彼を救ったのよ。

A：ツクヨミノミコト？　どっかで聞いたことがあるような、ないような……。

M：あなた日本人を30年以上やっていて、国の成り立ちの神話も知らないの。

ほんとに無知にもほどがあるわ。無知は罪よ。ぼーっと生きてんじゃねえよ！って5歳児に叱られるわよ。

A：国の神話は学校で教えてもらった記憶がないので……。こう見えて、縄文時代にはちょっと詳しいんですけどね。

M：日本の国土を作ったイザナギノミコトの子供よ。イザナギノミコトが黄泉（よみ）の国の穢（けが）れを祓った時に、右目から生まれたのがツクヨミノミコトよ。ちなみに、左目からはアマテラス、鼻からスサノオが生まれたの。

A：鼻から牛乳じゃなく、スサノオが出てきたのですね！

M：……。とにかく読平君は、本当は繊細で感受性の強い、心優しい男の子だったの。前世は白拍子よ。それはたおやかな美しい女性だったんだから。踊りも笛もすごく上手でね。見せてやりたいくらいだわ。惚れてしまうわよ、きっと。

A：わあ、それは見たかったですね。前の彼の人生ゲーム、ＤＶＤで発売してください。

M：宇宙図書館に行けば見れるわよ。

その時は女性性に偏り過ぎたので、今世は主に男性性を学びに来たのよ。

設定した家庭環境があまりにも苛酷で、家出をした時に受け入れてくれたのが、
暴走族のリーダーだったの。

彼はそのリーダーから男性の在り方を学ぼうとしたのね。

でもタイプが違いすぎて、彼にはちょっとついていくのが大変だったわ。

何にでも限度ってものがあるのよ。不得意分野を頑張りすぎるのもどうかと思うわね。

それで、敵のチームにボコられて、生死をさまよっていた時に、ツクヨミノミコトが出てきて、彼に方向性を示したの。より彼の本質に近い分野へとね。

生きるか死ぬかの時はさすがに黙って見ていられないからね。

彼の魂は守護神を覚えていて、すぐに軌道修正したわ。

そして自分の天職を見つけ、良きパートナーにも出会い、今があるのよ。

A：じゃあ、浅子さんにとって、彼は本当に力強い助っ人ですね。

M：ええ、魂レベルでも深い繋がりがあるしね。ソウルグループの一人なの。
ほら見て、浅子さんが電車を降りて家に向かって歩き出したわ。

A：えっと、コンビニで買い物をして、もう家に直帰しようとしていますけど。

月先生の宿題の、気持ちのいい場所を探すことを忘れてるんでしょうか。

M：はなから探す気はなさそうね。ここが彼女の大切な人生の分岐点になるから、ちょっとだけ手を貸しましょうか。

浅子：……あら？　今すごくきれいな鈴の音が聞こえたわ。気のせいかしら。

（浅子に向かって）そっちに行けば袋小路よ、こっちの角を曲がりなさい。

あら、また。こっちの方角からだわ。

わあ、こんなところに神社がある。今まで気づかなかったわ。

町の中にあるのに、こんなに静かで緑がいっぱい！　なんて気持ちのいいところかしら。

せっかくだから、お参りしよう。

（手を合わせながら）次のモデル事務所が早く見つかりますように……。

本当に私を愛してくれるパートナーと出会えますように……。

若返ってもっと美しくなりますように……。

A：げっ、浅子さんちゃっかりお願い事をしてる。

M：日本人は、神社＝お願い事をするところ、っていう感覚があるからね。本当は感謝の気持ちや志をお伝えするところなんだけど。
まあいいわ、さあ、これからが本番よ。

浅子：あら、あそこの木、すごく立派ね。樹齢何百年かしら。
しめ縄もしてあるし、神聖な木なのね。
（境内を掃き清めている老人を見かけて）
こんにちは。この神社の方ですか。この木、すごいですね。

老人：はい、私はここを管理している者です。
この木は樹齢８００年くらいで、いわば神様の依り代（よしろ）ですな。
どうぞ触れてみてください。

浅子：いいんですか。ありがとうございます。
（木に一礼してそっと触れる）
わあ、温かい。不思議ですね。生きてるみたい。
あ、木ですもの、当たり前ですね。

老人：いえ、その感覚わかりますよ。この木は特別です。本当に神様が降りてこられます。

浅子：まあ！　どんな神様が降りてこられるのですか。

老人：この神社のご祭神のアマテラスオオミカミ様です。

浅子：アマテラスオオミカミ様……、

なんかとても懐かしい響きだわ。生まれる前から知っているような……。

老人：日本でたぶん一番有名な神様ですからのう。

どこの家の神棚にもアマテラス様はおられますからな。

まあ、ごゆっくりしていってください。向こうの木立も清々しいですよ。

小さな川も流れていますし。

浅子：川が？　こんな町中に？　知らなかったわ。ありがとうございます。

（木に触れながら）アマテラスオオミカミ、アマテラスオオミカミ、アマテラ

スオオミカミ……なつかしい感じがして涙が出そう。こんな感覚初めてだわ。

アマテラス：（いつの間にかまありんとAのそばに来て、一緒に見ている）

浅子さん、よく私の名前を呼んでくれました。

M：あら、アマテラス様！　お久しぶりでございます。

ここに来られるのは珍しいですね。

A：アマテラス様?!　マジで？　スゲエ！

アマテラス：3回名前を呼ばれてしまったんですもの。出てこないわけにはいきません。
それにまありんの導きもあり、今が第1ゾーンの一番の山場ですからね。守護神が登場するならここしかないでしょう。

A：何だかアマテラス様も、ちょっとナルシスト入ってるな。どうりでまありんさんとコンビを組めるわけだ。

（アマテラスが浅子にご神木を通して光を送る）

A：わっ、すごっ！　今までどんより曇っていた浅子さんのエネルギーが、みるみる明るくなっている！
今度は胸の辺りがキラキラ輝きだした！
なんて美しいんだ。これが本来の彼女なのか。

M：さすがアマテラス様、お仕事がスピーディーかつ完璧でございます。

アマテラス：目には見えないけれど、私たちがいつも見守っていることを、少しでも感じ取ってくれるよう、さらに光を降り注ぎましょう。
（木を通して天上の光を流し続ける）

浅子：な、何なのこれは？　身体が光にくるまれている感じがする……。

なんて暖かい……。特に胸がポカポカする。

なんだかありがたくて、泣けてくるわ。（涙を流しながら木におでこをつける）

それに、木に触れたとたん電気が走ったかと思ったら、急に宙に浮くくらい体が軽くなったわ。

もしかして、これは、アマテラス様の光？　お名前をお呼びしたから、降りてきてくださったのかしら。

まさか、そんな都合のいい話はないわね。こんな不信心者の私に対して、そんなことが起こるはずがないわ。

でも、暖かくて、とても気持ちがいい……。身も心もどんどん浄化されていくようだわ……。

アマテラス：本当にアマテラス様が光を降り注いでくださってるのかもしれない。もしそうなら、アマテラス様、ありがとうございます！
さあ、浅子さん、この木に繋がりながら、お母さんからの手紙を読みなさい。

浅子：あ、手紙！　忘れてたわ。今ここで読んでみよう。
（浅子は木に背をくっつけて、手紙を読み始める。アマテラスは木を通して、

浅子の背骨に沿ってある、プラーナ管と呼ばれる目に見えない気の通り道を光で浄化する）

～母からの手紙～

浅子へ

またリストカットをしたのですね。

今さら面と向かっては言いにくいので、手紙を書くことにしました。

あなたが幼稚園の時、お母さんとお父さんは離婚しましたよね。

お父さん子だったあなたには本当に申し訳ないことをしたと思っています。

理由をちゃんと説明しなかったので、あなたはお父さんに捨てられたと思ってるかもしれませんね。

でも、それは違うのです。

実は、離婚したお父さんは、あなたの本当のお父さんではありません。

今まで隠していて、本当にごめんなさい。

20歳を過ぎて、あなたに言うタイミングを探していましたが、私とあなたの距離がどんどん離れていったので、なかなか言い出せず、今に至りました。


驚かないでくださいね。あなたは私が独身の時に、友達と海外旅行に行ったハワイで出会ったアメリカ人との間にできた子供なのです。

その人はサーファーで、すごく優しくて、カッコよかったの。

アメリカ人に憧れていた私は、旅の大胆さも手伝って、彼の誘いに応じ、一夜を共にしました。旅のいい思い出にしようと思って。


日本に帰ってしばらくしてから妊娠がわかった時は、本当に驚きました。

一夜限りのアバンチュールだったので、彼のちゃんとした名前も住所も聞いていませんでした。

その時は自分の浅はかさに泣きました。

誰にも相談できず、悩み続けているうちに、堕胎できない時期に差し掛かりました。

本当は自分の中に宿ったかけがえのない生命を、自分の都合で堕ろしたくなかったのかもしれません。

私の中でどんどん大きくなっていく赤ちゃんをとても愛おしく感じ始めていたのです。

それで意を決して、一人で産み、育てることにしました。

あなたもご存じのとおり、私の父母も離婚して、父はすぐに再婚、母は病気で亡くなってしまいましたから、誰にも頼れなかったのです。

そんな中、一緒にハワイに行った友人が妊娠に気づいて、とても親身になってくれました。

彼女にはフィアンセがいました。

彼は英語が堪能だったので、父親探しに協力してくれ、あの時の彼を探し当ててくれました。でもその男性は、知らない、僕には関係ない、の一点張りで埒(らち)があきませんでした。

私はシングルマザーになることを改めて決心し、これから先の人生は、あなたのためだけに生きようと心に誓いました。

それからも私の友人とフィアンセの彼は、私を不憫に思ったのか、たびたび二人で私のところを訪れてくれ、励まし続けてくれました。

出産の日もずっと見守っていてくれました。

彼女たちのサポートがなければ、あなたをちゃんと産み育てていくことができたかわかりません。

最初にあなたを抱いたのは、私以外では友人のフィアンセなのよ。


勘のいいあなたはもうおわかりでしょうが、その友人のフィアンセが、あなたの知っている父親です。

心細かった私は、友人に悪いと思いつつ、彼を頼り、彼に惹かれていくのをどうすることもできませんでした。

その思いを誰にも気づかれないよう、必死に打ち消していましたが、彼も私のことが心配で、一日中頭から離れないと言ってくれたことが決定打になり、私たちは結ばれてしまいました。

それを知った友人は、あなたのことも考えて、私たちの前から姿を消しました。

私たちは罪の意識にさいなまれつつも、あなたをひとり親にしたくない一心で、入籍しました。

それに彼はあなたのことが大好きで、片時も離れたくない様子でした。


あなたがそんなに綺麗なのは、アメリカ人の血が入っているというのもあります。

小学校の時は、よく、外人、外人といじめられてましたね。可哀そうに思ったけど、あなたは日本人だから、そんなことは無視しなさいね、としか言えませんでした。

周りからも、お父さんとお母さんに全然顔立ちが似ていないね、とよく言われていましたね。そのたびに心が痛みました。


あなたが幼稚園の年長組に上がった年に、姿を消した友人のお母さんから連絡があり、彼女が末期のガンに侵(おか)されていることを知りました。

彼はすごく迷ったけれど、あなたの父親でいることを選択してくれました。

でも、今度は私がそれを許せませんでした。

友人は私が一番つらい時、私の力になってくれた。一番大切な彼を、私とあなたのためにあきらめてくれた。

今度は私の番だ。彼女が一番苦しい今、彼を彼女のもとにお返ししようと思ったのです。


お母さんがわざわざ連絡してきたくらいだから、彼女はまだ彼のことを忘れずにいたのでしょう。

私はなんてむごいことを彼女にしてきたのかと、改めて自分を責めました。

そして、頼むから彼女のもとに行って支えてあげて欲しい、彼女のことだけを考えてあげてと泣いて頼みました。

私には、浅子、あなたがいるから。私は大丈夫だから、と。


彼もずっと罪悪感で苦しんでいたから、ガンになったのは自分のせいだと思ったようです。そして、今度は最後まで彼女のそばにいて支えてあげようと心に決め、家を出ました。

でもね、幼稚園の卒園式、小学校の入学式、そして卒業式も、彼は遠くからあなたの晴れ姿をそっと見に来ていたのよ。

中学2年の時に、あなたの写真を1枚送ってほしいと手紙が来たのが最後でした。

それ以来、音沙汰はありません。

私は彼と別れてから、必死で働きました。

目の前の生活のことで頭がいっぱいでした。あなたに肩身の狭い思いをさせないよう、行きたい学校にも行かせてあげられるよう、それだけを思い1日1日を積み重ねてきました。

夜の仕事を選んだせいで、あなたにとても寂しい思いをさせてしまいました。

そのことは本当に申し訳なく思っています。

一人の夕飯の寂しさゆえ、あなたが夜の街に遊びに行くようになり、どんどん派手になっていくと同時に、私に心を閉ざし始めたこと、胸が張り裂けるようでした。

夜の仕事を辞めて、お昼の仕事だけにしようと、何度思ったかわかりません。

言い訳になりますが、何の資格もない私が、二人の生活をちゃんと支えていけるだけのお金を稼ぐには、お昼の仕事だけでは足りませんでした。

世の中の厳しさを身にしみて知りました。

再婚の話もありましたが、あなたが他のお父さんはいらない、と言うのでお断りしました。そうですよね。あなたの大好きなお父さんをあなたから引き離してしまったのに、違うお父さんなんて要りませんよね。

あなたがリストカットを初めてした日のことは忘れられません。

何よりも大切な我が子が、自分で自分の命を断とうとまで考えているなんて。

親としての無力さに打ちひしがれ、申し訳なさでいっぱいで、夜も眠れませんでした。

自責の念と長く続く不眠で、鬱のような症状になった時にお世話になったのが、精神科医の月読平先生でした。

私よりずいぶん若いのに、すごくしっかりしていて、人間としても、精神科医としても心から尊敬できました。

私のありのままを、どんなに醜くてもすべて受け止めてくれて、私は心から癒やされました。

彼が神様のように思えて、藁にもすがる思いで彼のもとに通いつめました。

多分あなたは私が恋人とデートしているのではと勘違いしていたかもしれません。

それほど私は週1回の先生との出会いを待ちわびていましたから。


私が月先生のような大人であれば、あなたがここまで苦しむことはなかったと思うと、本当に申し訳なく思います。

もっとあなたと向き合って、あなたの気持ちを聞かせてもらえていたら。

私の思いも伝えて、あなたをもっと抱きしめてあげられていたら。

ぶつかってもケンカしても、本心でもっと語り合えていたら、こんなふうにならなかったことでしょう。


今さら後悔しても遅いけど、これだけははっきりと言わせてください。

浅子、
あなたは私のかけがえのない宝であり、希望です。
あなたを育ててくれたお父さんも同じ思いです。

こんないたらない私のもとにやってきてくれて、生まれてくれて、ありがとう。

母親にしてくれて、ありがとう。

だから、どうか、その生命を大切に、生きて、生きて、存分にあなたを生ききってください。

それが私の願いです。

母より

浅子：……（涙、涙）。

お母さん……。自分勝手で浅はかなのは私だった。お母さんの苦労も気持ちもなにもわかっていなかった。

自分の寂しさばかりに目がいき、なんて自分は可哀そうなんだろうとずっと思っていたわ。

リストカットして困らせて、お母さんにもっと心配してほしかった。モデルとして有名になって、どこにいるのかわからないお父さんに、私を見てほしかった。そして捨てたことを後悔してほしかった。見返してやりたかった。

自分のことしか頭にない、未熟で幼い私がとても恥ずかしい。

私はお父さんとお母さんにこんなにも愛されていたのね。

すごく、すごく、嬉しい。

ありがとう。そして今までごめんなさい。娘らしいことを何もせず、心配ばかりかけてしまって……。

久しぶりにお母さんの顔を見に行こう。そして直接ありがとうと伝えに行こう。


（浅子が神社を出て母の家に向かう→迷路の出口）

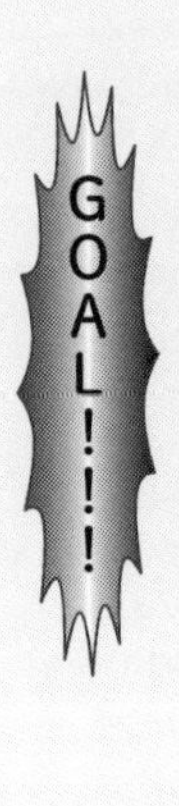

A：泣けてきますねえ……（涙をふく）。浅子さん、よかったですね。
M：親といえども完璧じゃないから、いろいろあるわよ。

浅子さんのお母さんも、両親が離婚して、お母さんが若くして亡くなったこともあって、愛に飢えた少女だった。

彼女の浅はかなところと、寂しがりやで恋愛に大胆なところは浅子さんに受け継がれてるわね。子供は無条件に親の色に染まるから。

彼女は守るものができた時に変わったわね。

本来の意志の強さ、つらくてもあきらめない心、人を本当に愛する心が引き出されたわ。

さあ、今度は浅子さんの番ね。

これからの道のりはもっと険しいわ。

第1の迷路は浅子さんの力というより、見るに見かねた私たちの導きでなんとかゴールできたけど、次からは浅子さん自身の気づきと成長がもっと望まれるわね。

敵キャラも登場するし。

私たちともしっかり繋がって歩んでいってほしいわ。

アマテラス：浅子さん、第1のゾーンのゴールおめでとう!!
私の光をちゃんと受け取ってくれてうれしいわ。私からお祝いに、勾玉（まがたま）を差し上げます。

次のゾーンでそれをうまく使って、しっかりゴールまで辿り着いてください ね。

☆アマテラス様のありがた〜いお言葉

あなたが今ここに生きて、人生を歩んでいること。それはすでに大いなる奇跡であり、神様の愛にほかなりません。ひとは一人で歩んでいるように見えて、本当は有形無形の助力によって生かされ支えられています。私たちのサポートはもちろん、あなたの代々のご先祖様も、飢饉や戦争や大災害などを乗り越えて、あなたの命をここまで運んできてくれているのです。その恩恵を忘れることなく、地球という晴れ舞台で、思いっきり自分の花を咲かせてください。

★**第1のゾーンのテーマ**：すでに与えられている愛に気づく
★**覚醒のツール**：母からの手紙
★**サポーター**：月読平
★**敵キャラ**：特になし
★**かけられていた呪い**：私は誰からも愛されない無価値な存在
★**手に入れた光の武器**：勾玉
★**思い出した叡智**：私はアマテラスオオミカミを知っている

特別コラム

～守護神と繋がるワーク① 準備編～

1. 自分のお気に入りの場所を見つけてください。屋外でも屋内でもかまいません。そこにいると気分が落ち着いたり、気持ちがいいと感じるところです。室内なら、そこでお香やアロマを焚くのもいいでしょう。そこに座って、両肩を上げて、背中側に少し回しながら、肩をすとんと落としてください。そして笑顔で、「はあ～～」と深くため息をついてください。それを3回繰り返します。身体の力を抜いて、上半身をゆらゆらと左右に揺らしてください。海の中のワカメになった気持ちで。腰を時計回り、反時計回りにゆっくりと回してください。だんだん気持ちと身体がほどけてきます。

2. 目を閉じ、静かに呼吸します。周囲の音に耳を傾けてください。どんな音が聞こえますか。それを少し味わってみてください。自分の呼吸に意識を合わせ、観察してください。呼吸の速度をどんどんゆっくりにしていってください。そして息を吐くたびに緊張がほぐれていくのを感じてください。

3. 自分の会陰の辺りから、直径5センチほどのロープのようなものが出てきて、地球の中心まで伸びていくのをイメージしてください。色は茶色か濃い赤がいいでしょう。そのロープが、地球のコアにしっかりと巻きついてカチッと固定されるのを感じてください。

4. ロープを通して、地球とエネルギー交流をしてください。吐く息で自分のエネルギーを地球に送り、吸う息で地球のエネルギーを体内に引き入れます。吐く時に、地球に生かされている感謝の念を送りましょう。地球からも力強い愛のエネルギーが返ってきます。母なる地球に愛され生かされている感覚を、全身に巡らせてください。

5. 今度は宇宙空間に意識を向けてください。自分のはるか上空に、ものすごい光を放つ太陽のようなものがあります。

実際の太陽よりもっと白くてキラキラと美しく輝いています。実際の太陽の本体である父なる霊的太陽です。

その光が、螺旋（らせん）になって地上の自分に降り注ぎ、全身と全細胞にくまなく行き渡るのを感じてください。光がしみいる感覚を味わってください。

6. 身体がどんどん暖かくなります。そしてどんどん気持ち良くなっていきます。
身体の不調や痛みなどが、そのキラキラ輝く白い光に溶けて消えていくのを感じます。

頭の中も白い光で満たされ、悩み事や心配事も同様に光に溶けて消えていきます。

その光のシャワーを心ゆくまでじっくりと堪能してください。

そして、もう十分だと思ったら、父なる霊的太陽に感謝して、螺旋に振り注ぐ光を消してください。

母なる地球にも感謝して、コアに固定されたロープを外し、するすると自分の体内に戻してください。

以上です。

この深いリラックスと心身の浄化が、守護神と繋がる基本になりますので、何回もやってみてくださいね。

第2章

第2の迷路
～本当の成長に踏み出すゾーン～

A：お母さんとも和解できて、浅子さんすっかり明るくなりましたね。

M：ええ、新たなモデル事務所も決まったことだし、ようやく本来の彼女の魅力を発揮できる環境が整ったわね。さあ、この迷路でどれだけ成長できるか見ものだわ。

A：おや、浅子さん、大きな荷物を持ってどこかに行こうとしていますね。海外旅行かな。

M：そうよ。これから雑誌の撮影でハワイに行くのよ。水着の写真を撮るみたい。

A：水着?! ほう、それはそれは……。

M：ちょっと、鼻の下がブラジルに届くくらい長～くなってるわよ。

A：ブラジルの皆さん、届いてますか～～？

M：マニアックなギャグをもじるのはやめなさい。わかる人少ないと思うわ、それ。ワイキキビーチの白クマといい、あなたホントに笑いのセンスがないわね。

A：げっ、章が変わったのに、まだ根に持ってる。人間の時はよっぽど執念深かったんだろうな。

M：また頭をはたかれたいの？　人間の時はバレーボールのアタッカーだったから、スナップ半端ないわよ。

A：経験済みなんで、よ～～くわかっています。ほんと、やめてくださいよ。

あっ、同じ飛行機に、浅子さんが解雇されたモデル事務所の社長と新人モデルも乗ってますよ！

M：彼女らはＣＭ撮影よ。同じハワイ島に行くのよ。さあ面白くなるわね。

〜ハワイ島のホテルのロビーにて〜

咲子：あら、浅子先輩ではないですか。おはようございます。以前同じ事務所にいました此花咲子（コノハナサキコ）です。覚えておられますか。

浅子：ええ、もちろんよ。あなたが入って来てしばらくして辞めたから、お話ししたことはなかったけど、よく覚えているわ。

咲子：わあ、嬉しい！　実は私、浅子先輩に憧れていたんです。同じ事務所に入れてとても嬉しかったのに、すぐにお辞めになったので、すごく残念に思っていました。
ここでまた再会できるなんて、本当にラッキーです！
もしよろしければ、お仕事終わりに、晩ご飯ご一緒にいかがですか？

浅子：（面喰らって）あ、ありがとう。でも撮影がいつ終わるかはっきりわからないし、モデル仲間3人で来ているので、なかなか単独行動は難しいわね。それにあなたも、社長と一緒でしょ。

咲子：社長ー！　浅子さんがここにいらっしゃいますよ！

浅子：ご無沙汰しております。その節は本当にお世話になりありがとうございました。

社長：新しい事務所が決まったんだね、おめでとう。ここで一緒になるとは奇遇だね。

咲子：だから、今、浅子さんをお食事にお誘いしているんです。いいでしょ、社長。

社長：いや、それは……。思井君もご迷惑だろう。時間も読めないし。では、私たちはこれで。

A：咲子ちゃん、いい子ですね。めちゃ可愛いし。やっぱり若い子は初々しくていいなあ……。

M：バカの一つ覚えみたいに、若い子、若い子って。そんなんだから出世しないのよ。人を見る目がないわね。綺麗なパッケージに目が眩（くら）んで、中身を吟味しないで物を買ったり、CDもジャケ買いして失敗するタイプね。

A：そ、そんなことないですよ。愛に飢えていた時の浅子さん、咲子さんの悪口をさんざんネットで書いて、それが原因で事務所解雇されたんでしょ。咲子ちゃん、知らないとはいえ、浅子さんを慕っていて、再会をあんなに喜んでいるじゃないですか。ピュアで可愛いなあ……。

M：さあ、それはどうかしら。いくら表向きは鬱（うつ）の治療のため、自分から辞めたことになってるとはいえ、ネットに自分の悪口を書かれたのを知らないはずはないでしょう。

A：知ってたらあんな笑顔で浅子さんに挨拶しませんて。晩ご飯まで誘ってるし。浅子さんもバカじゃないから、匿名で書いてるでしょうしね。

M：咲子ちゃんもバカじゃないから、匿名でも誰の仕業かわかってるかもよ。どちらにしても、女の本当の怖さを知らないあなたが一番バカね。

A：えーっ、そうですかね。僕は可愛い女性の綺麗な心を信じますよ。まありんさん、若くて可愛い女性に厳しいんだから。

M：まあいいわ。ここはそういうことにしてあげる。ただ、咲子ちゃんは富士山マークの引っ越し社の社長令嬢だから、プライドは浅子さんよりはるかに高いわね。それこそ富士山くらい高いわ。

A：うまい！　座布団２枚！

M：比喩というのはこういうふうにするのよ。しっかり村上春樹さんと私から学びなさい。

A：富士山マークの引っ越し社か。結構大手ですね。

M：ええ。彼女は小さい時からそこのCMに出ていたのよ。創始者のおじいさんにとても可愛がられていたから。

A：えーっ、覚えてますよ、あの小さな女の子、咲子ちゃんだったんですか?!
面影があまりないなあ。大人になってずいぶん綺麗になりましたね。
女は変わるなあ……。だから僕はスッピン派なんですよ。

M：化粧以外に綺麗になる方法があと3つあるわ。後学のために教えといてあげる。
心の成長と、素敵な恋愛と、美容整形よ。

A：えっ、ということは噂は本当だったのですね。

M：そうね。でも私は美容整形は別に悪いことではないと思うわ。
そうすることで前向きに明るく生きられるなら、それもありじゃないかしら。
それにモデル業界では珍しくもなんともないし。

A：僕はとびきりの美人じゃなくても、内面の美しさがにじみ出た女性がいいなあ。

M：何言ってんの。整形美人の咲子ちゃんの可愛さにメロメロだったくせに。

A：いやまあ、それは……。あ、浅子さんたち、仕事が終わったみたいですよ。浅子さんはみんなと離れて一人どこかに行こうとしていますね。

M：月読平先生から、ハワイでも心の落ち着く場所を見つけて、自然の中で静かに瞑想するように、という宿題が出ているのよ。

A：この頃の浅子さん、素直ですね。前とえらい違いですね。

M：浅子さんの魂がそれを望んでいたのね。心の岩戸をそろそろ開きたいと思ってたのよ。

そのきっかけを月先生がくれたわね。もちろん、私たち天上界の導きも大きいけどね。

あれから浅子さん、あの神社にもたびたび出かけてご神木に話しかけたりしてるわ。アマテラス様、どんなにお喜びか。どんどんエネルギーがクリアになって、天上界とのパイプが太くなっていってているわ。呼吸も深く長くなって、身体の余分な力も抜けてきたし、こちらも仕事がしやすいわね。

アマテラス様からいただいた勾玉もあるし、ちょっと強めの試練が来ても、大丈夫なようね。

〜ホテルの近くの海岸にて〜

浅子：（裸足になって波打ち際に足を遊ばせている）

あー、なんて気持ちいいの！　真っ青な海、誰もいない砂浜。風がとっても心地いいわ。

瞑想するにはもってこいの場所ね。さあ、月先生の宿題をしなくちゃ。

あの木陰がいいかしら。

（木陰に座り、目を閉じて深く呼吸する）

海の香りと波の音のおかげで、身体がどんどん緩んでくる。

自然の中での瞑想って、なんて気持ちがいいの。

前に行った沖縄に似ているし、なんだかとても懐かしい感じがするわ。

（波の音を聴きながら、地球の中心と繋がり、ハワイの大地に意識を合わせる）

なんだか熱いものがグランディングコードから私の身体に流れてくるわ。

赤く燃え盛る火のエネルギーが、マグマのように、私の丹田（たんでん）に溜まっていく。

そこから身体中に炎が広がっていくわ。熱い、これはいったい？

火山のビジョンが見えるわ。これはキラウエアかしら。
きっとそうだわ。なぜかわからないけどキラウエア火山に呼ばれてる気がする。
ペ・・レ……ペレ？　キラウエア火山の女神のペレのこと？
あなたが私を呼んでいるのですか？
怒りと悲しみが入り混じったような、女神の目が見えるわ。
なんて美しくて力強い目なの。でも、同時に深い悲しみをたたえている。
涙？　涙を流しているわ。
ペレ、なぜ泣いているのですか？　よかったら教えてください。
（突然、人の気配がして目を開ける）

咲子：あ〜、浅子先輩みっけ。こんなところにいらしたんですね。
皆さんお探しでしたよ。これからドルフィンスイムに行くみたいですよ。
私も時間が空いたので、ご一緒させてもらうことにしたんです。
さあ、行きましょう。

浅子：ドルフィンスイム？　私、あまり泳げないからいいわ。みんなによろしく言っといて。

咲子：大丈夫ですよ。スタッフが手とり足とり教えてくれるから。泳ぎが苦手でも、どんな初心者でも、イルカと泳げてるんですよ。

浅子：ごめんなさい。本当に気が進まないの。だから私にかまわないで、みんなと楽しんで来てね。

咲子：ハワイ島に来て、ドルフィンスイムをしないなんて、すごくもったいないですよ。でも、浅子先輩が行かないなら、私も行きません。知らない人たちと行っても面白くないですから。お邪魔じゃなければ、私もここにいていいですか？

浅子：うーん……仕方ないわね。じゃあ行きましょう。みんな待ってるんでしょ。

咲子：やった！　そうこなくっちゃ。急ぎましょう。

～ドルフィンスイムのボートにて～

咲子：浅子先輩、海岸でのシュノーケルとフィンを使った練習、すごくお上手でしたね。スタッフのロイも、これなら海でも全然大丈夫って言ってましたね。

浅子：そうかしら。浅瀬だったし、ロイの教え方がとても上手だったから。こんな深い海でちゃんとイルカと一緒に泳げるかしら。不安だわ。

ロイ：大丈夫ですよ。最初は二人組で泳いでもらいますし、何かあったら手を振ってください。すぐに助けに行きます。シュノーケルクリアという、シュノーケル内の水を出す方法を使って、海水を吸い込まないようにだけ気をつけてください。20分後に笛の合図でボートに戻って来てくださいね。さあ、あそこにイルカの群れを確認できましたから、ペアになって海に入る準備をしてください。

咲子：浅子先輩、よろしくお願いします。

浅子：こちらこそよろしくね。咲子ちゃんはドルフィンスイムでは先輩だから、あなたについて行くわ。

咲子：では、一緒に楽しみましょう！

（二人が海に入る）

浅子：わあ！　たくさんのイルカが楽しそうに泳いでいるわ。なんて可愛いの！
海の中も、太陽の光が帯のようになって降り注いで、すごく美しいわ！
思い切ってチャレンジしてよかった。
親子のイルカもいる。あれは恋人同士かしら？　じゃれあってるわ。ふふ。
（咲子、浅子にあちらに行こう、と手で合図する）
えっ、もう移動するの？　ボートから離れるの怖いなあ。

咲子ちゃん、慣れてるだけあって泳ぎがとてもうまいわ。イルカの群れに溶け込んでる。

私はまだ潜るのは怖いから、顔だけ付けて見ていよう。

（海面近くで浮いている浅子のところに咲子がやってきて、手を引っ張り海の中に誘う）

浅子：えっ！　何をするの！　ちょっと待って、まだ準備ができてないわ。

（パニックになって、シュノーケルから少し海水を吸ってしまう）

うっ、苦しいっ、息ができない！　シュノーケルクリアってどうすればよかったんだっけ?!

誰か助けて！　咲子ちゃん！　助けて!!

（咲子、少し離れたところでじっと浅子を見ている）

苦しい！　もうダメ！　アマテラスオオミカミ様、どうか助けて！！！

アマテラスオオミカミ様！　アマテラスオオミカミ様!!

（その時、浅子のハートチャクラの中にあった、緑色の勾玉が光り出す）

あー、急に呼吸ができるようになったわ……良かった……きっとアマテラス様が助けてくださったのね。

アマテラス様、ありがとうございます。

（イルカの群れが浅子のところにやって来る。その中の一頭が浅子の目を見て言う）

「息を吐き切って、身体の力を抜いて、水にゆだねて」

水に、ゆだねる……。

ああ、生まれる前の子宮の中ってこんな感じかしら……、光の海に包まれ守られている。なんて気持ちがいいの……。

（イルカが浅子の下にもぐり、浅子の身体を海面まで押し上げる。ボートがすぐにやって来て、浅子を引き上げる）

ロイ：（人工呼吸しながら）浅子さん、浅子さん！
（浅子、咳き込んで目を開ける。みんなの心配した顔が見える）

咲子：（泣きながら）良かった！　浅子先輩、ご無事で。

ロイ：咲子さんが手を振ったのが見えたので、すぐに駆け付けると、イルカの群れが浅子さんを取り囲み、支えていました。まるでイルカのベッドに寝ているように。
浅子さんは意識がなかったけれど、顔は水面に出ていたので、大事には至らず幸いでした。

咲子：浅子先輩、急にパニックになったので、びっくりしました。私がついていながら、ごめんなさい。

浅子：水を吸ってしまって、息ができなくなり、頭の中が真っ白になったの。だからちゃんとシュノーケルクリアができなくて。
皆さんにご迷惑をおかけして本当に申し訳ありません。

ロイ：今日のドルフィンスイムはもうこの辺にして、戻りましょう。

A：まありんさん！　めちゃくちゃヤバかったじゃないですか。
これが試練なんですか。一つ間違えたら浅子さん死ぬところだったじゃないですか。

M：気の進まない提案に乗ってしまうとこういう羽目になるのよ。自分の心の声を大切にしなきゃね。
でもこれもお約束なの。今度はすぐにアマテラス様にヘルプを頼めたし、ハワイ島の海の守護神のイルカとも魂で交流できたわ。
目に見えない世界と少しずつ親しくなってきてるわね。

A：いや、あれは苦しい時の神頼みというやつではないですか？

M：ちゃんとアマテラス様って言ったのがすごいのよ。
自分の守護神はアマテラス様だという自覚がいつの間にかしっかりあるのね。
だからアマテラス様にいただいた勾玉が彼女を救ったのよ。
あなたの都合のいい時だけの神頼みと一緒にしないで。

A：浅子さん、守護神様が自分を見守ってくれていると、心から信じているのですね。

M：それが繋がる第１条件ね。**目に見えない存在に守られていると確信し、常に意識し、感謝することね。**「同行二人（どうぎょうににん）」とはよくいったものだわ。
あなたのように、自分の都合で信じたり信じなかったりする不届き者に対しても、あきれながらも忍耐強くそばにいて、見守ってくれてるんだから、たまには感謝しなさいね。

A：不届き者ですみませんねー。
それと、イルカがしゃべったので驚いたんですが、テレパシーだったんですね。
イルカって海の守護神なんですか。

M：イルカはシリウスという星から来た知的生命体で、普通の人間より周波数が高いのよ。非常に聡明で、地球にとって、とても重要な役割を担っているの。

A：えーっ、そうなんですか。地球上では人間が一番偉いのかと思っていましたが、イルカに負けていたとは初めてシリウス〜。てへ。

M：なにが、てへ、よ。おやじギャグを言って照れないの。残念だけど、あなたは知性では、完璧にイルカに負けてるわね。イルカは宇宙意識で生きているから、海にいて、宇宙の高次元の波動を転写し続けてるの。海の浄化もしてくれているのよ。彼らは人類の進化に目に見えないところで貢献してくれているの。ありがたいことだわ。
海はある意味、記憶のデータバンクでもあるの。
地球の歴史も、人類の歴史も、全部海に保存されてるわ。
宇宙には、宇宙の歴史がすべて記憶され、保存されている宇宙図書館というところがあるんだけど、海はその地球版ね。その地球にとって大事な海を、イルカとクジラが守っているのよ。

A：クジラもですか？　僕、小学生の時に、給食でクジラの肉を食べてましたよ。やばいなあ……海の守護神を食べてたなんて。マリンスポーツ命の僕なのに……。

M：食べることでその生命体が持つ記憶や波動を直接いただくこともできるから、その問題は、単に正しいとか間違っているとかいう二極だけでは判断できないわね。

民族固有の食文化というのは、その民族に必要なエネルギーを身体に取り込む必要があるから生まれるのよ。
日本は海に囲まれているから、海の守護神と繋がる必要があるの。
もちろん食べなくてもダウンロードできる方法はあるから、今はそちらを推薦しているわ。

A：どんな方法ですか？

M：浅子さんのように、野生のイルカと泳いで直接イルカの波動に触れられたらいいんだけど、そしてクジラやイルカはシリウスから来ているから、私のようにシリウスのエネルギーと繋がれたらいいんだけど、あなたはどちらも無理そうだから、どこでも誰でもできるやり方をお教えするわ。
「海の守護神と繋がる方法」よ。

A：長い前説はいいので、早く教えてください。

M：まずは、瞑想の時のように深く呼吸して目を閉じて、雄大な海をイメージしてみて。
その海のエネルギーとまず繋がるの。
マリンスポーツ命のあなたなら簡単でしょう？

A：海は友達ですから、できると思います。

M：友達というか、母ね。

海は地球の歴史の始めから地球神と共に生命をどんどん生み出してきたわ。皆、海から生まれたのよ。羊水は海の成分と同じで、人間の身体も海とほぼ同じ元素でできているの。

海と私達はもともと繋がっているのよ。それを思い出して。

お母さんに抱かれる感じで海と一体になるのよ。

そして、ハートの扉を大きく開いて、海の守護神であるクジラやイルカをそこに招き入れて。

「クジラの持つ智慧のエネルギーを、イルカのもつ愛と癒やしのエネルギーを、ダウンロードさせてください」とお願いするの。

太古からの情報が光となってハートに転写されるわ。

クジラはプラチナブルー、イルカはピンクゴールドの光よ。


A：わあ、本当に光がハートに降り注いで染み込んでいってます！

すごい！　額のあたりがじんじんしてきた〜！

えーっ、僕は人間になる前はクジラだったことがあるの？

信じられない〜！

M：みんな海から生まれたって言ったでしょ。あなたのマリンスポーツ好きはクジラの時の記憶があるからかもね。

さあ、浅子さん、海の守護神の次は、山の守護神との交流ね。これもまた見ものね。

〜ホテルにて〜

モデルA：浅子、すぐに意識を取り戻して本当に良かったわ。咲子ちゃん、あんなに浅子のことを嫌っていたのに、やはりバディ（ドルフィンスイムのペアのこと）として浅子のことほおっておけなかったのね。まあ当たり前のことだけど。

咲子ちゃんとロイに感謝しなくちゃね。ロイの人工呼吸も適切だったし。

浅子：えっ？　咲子ちゃんが私のことを嫌っていたって？

モデルA：あの子、浅子の前ではニコニコしていたけれど、いないところでは、浅子の悪口のオンパレードよ。あなた、前の事務所で相当な意地悪を彼女にしたのね。

モデルB：私たちにも、浅子さんのことは信用しない方がいいと何度も言ってました。見かけは綺麗だけど、人間的には最低だって。前の事務所では総スカンを食って解雇されたっていうのは、本当ですか？

浅子：……。ええ、否定はしないわ。私、最悪な人間だったかも。だから自業自得ね。咲子ちゃんを責められないわね。

正直に言うと、私、咲子ちゃんに嫉妬していたの。若くて可愛いというだけでなく、彼女のお父さんの会社のコネも手伝って、社長にもみんなにもちやほやされて、実力もないのにいい仕事をどんどん与えられてるって。

それに引き換え私は30歳になってから、あまりいい仕事に巡り合えなくて。すごく焦っていたの。彼女ばかり可愛がる社長にも不満タラタラだったし。今考えると、ほんとに身勝手な浅はかな自分だったわ。

モデルA：でも、その気持ちわかるわ。年齢を重ねるごとに、どんどん仕事は減っていくわね。そのうちウイッグのモデルとか、シニア向けの雑誌のモデルくらいしかなくなるかも。水着の仕事もこれで最後ね、きっと。

モデルＢ：浅子さんは容姿が日本人離れしているから、まだ大丈夫でしょうけど、私はもうそろそろ次のことを考えておかないと。いつまでモデルで食べていけるかわかりませんもの。

浅子：あら、Ｂちゃんはまだ25歳じゃないの。

モデルＢ：あっと言う間に30歳の大台に乗りますよ。だから私、今、ローフードの勉強をしてるんです。美と健康に興味があるから、ゆくゆくは食のお仕事に就けたらいいなと。モデルの経験も生かせますし。

浅子：Ｂちゃんは偉いわね。私、そんなこと考えたこともなかったわ。次のステップか……。モデルしかしてきたことがないから、他に何ができるのだろう。

マネージャー：さあ、みんな、もうすぐ飛行機の時間よ。荷物の準備はいい？　忘れ物のないように。パスポートと財布はあるわね。はい、これ帰りの飛行機のチケットよ。

浅子：えっと、あれ？　パスポート、見当たらないわ。おかしいな、ちゃんとかばんの中に入れておいたのに……。

マネージャー：最後にパスポートを見たのはどこ？

浅子：ドルフィンスイムの受付で身元確認のために見せて、それからかばんにしまったところまでは覚えています。

マネージャー：とりあえず、あなたたち二人は空港に向かってちょうだい。私と浅子はもう一度心当たりを探してみて、あればすぐに追いかけるわ。

A：僕たちは上から見ていますから、誰が犯人かもうわかっていますけどね。ドルフィンスイムの事務所の貴重品入れのロッカーから、溺れかけてふらふらの浅子さんの代わりに、咲子ちゃんがかばんを取ってきてあげてましたよね。その時に、パスポートを盗んで捨ててましたね、事務所の裏庭に。

M：あの子もお約束とはいえ、可哀そうな役割ね。立派な犯罪行為だわね、これは。

A：そんなに彼女は浅子さんのことが憎いんですか。ドルフィンスイムの時も、一歩間違えたら取り返しのつかないことになってましたからね。

M：彼女が一番許せなかったのは、浅子さんがネットで子供時代のCMの写真とかを出してきて、明らかに整形しているのでは、と書いたことよ。

そのことは、彼女が一番触れられたくなかったことなの。それが発端で、中学校や高校の時の卒業写真が次々ネットでアップされて、整形疑惑があっという間に世間に広がったわね。

A：うーん、それは男でも堪(こた)えますね。咲子ちゃんも可哀そうですね。今の時代、良くも悪くもネットを通してあっと言う間にいろんなことが広がっていきますから。

M：**今という時代のカルマでもあるわね。人間にもカルマがあるように、土地や時代にもカルマがあるのよ。**それは光に対する影だから、コインの裏表みたいに一対なの。逆に言うと、**カルマがあるところには、必ず果たすべき願い、つまり光が隠されているの。**

A：僕はネットを通しての仕事をしているので、それなしでは生きていけないですね。ネット社会の闇ばかりじゃなく、光の部分をもっと引き出して、活用しないとね。その怖さも人より知っていますが、恩恵もたくさんいただいています。うまく付き合っていきたいですね。

M：こーんな修学旅行のおバカな裸写真が流出しないように、気をつけなさいね。

A：あっ、まありんさん、いつの間にそんな写真を！　返してくださいよ。

M：ふふん。私に偉そうな口をきくと、この写真、ネットに流出させるわよ。
A：うわ、守護霊が人を脅すとは！　出たな、ブラックまありん！
M：光が強いと闇も濃いのよ、覚えておきなさい。

〜再びホテルのロビーにて〜

マネージャー：今、パスポート再申請の手続きが終わったけど、再発行には最低でも1週間かかるみたいだから、私は先に日本に帰るわね。
来週に入っていた仕事もキャンセルしないといけないし、エクストラの滞在費も含めて、今回のギャラはなしね。
浅子：はい、こちらの不注意でご迷惑をおかけして、本当に申し訳ありません。
マネージャー：ドルフィンスイムの時も溺れかけてみんなに迷惑をかけたそうね。
あなたの前の事務所の社長に偶然このホテルのロビーでお会いして、少し話したのだけど、あなた、どうもトラブルメーカーのようね。
日本人離れした顔とスタイルをうちの社長は気に入って、あなたを採用したけど、年も年だし、今回のことを報告したら、解雇もありうるかもね。覚悟しときなさいね。

浅子：はい……。本当に申し訳ありません。

（マネージャーと入れ替わるように、ロイがホテルに駆け込んでくる）

ロイ：間に合ってよかった！　今、うちの事務所の裏庭の草を刈っていたら、浅子さんのパスポートが落ちていたんです。

浅子：えっ、そうなんですね。何でそんなところに。

ロイ：誰かが故意に捨てないと、あんな人気のないところに落ちているはずないですね。

浅子：……。わざわざありがとうございます。でももう、再発行の手続きをしたので、それは必要なくなりました。

ロイ：そうなんですか、もう少し早かったら良かったですね。

浅子：いいえ、ちょっと行きたいところもあったから、滞在が延長になって良かったのです。

お礼に、コーヒーをおごらせてください。ドルフィンスイムの時も、大変お世話になりましたから。

ロイ：ありがとうございます。では、お言葉に甘えて。

すごくおいしいコナコーヒーを出すカフェがあるんです。そこに行きましょう。

～カフェ　カグッチにて～

浅子：わあ、海のそばの開放的な、いかにもハワイらしい素敵なカフェですね。でも名前がハワイアンな感じじゃないですね。

ロイ：ここからの夕日はまた格別ですよ。名前はね、ここのカフェのオーナーが日本人だから、日本の神話からとったみたいですよ。日本の火の神様とか言ってたな。

浅子：えっ、火の神様？　私、ペレにご挨拶に行かなくちゃ。なぜかわからないけど、呼ばれている気がするんです。

ロイ：ちょうどよかった、じゃあ、今晩一緒に行きましょう。このところ火山活動が活発なので、ペレの怒りを鎮めに、キラウエアのハレマウマウ火口の近くで、歌と踊りを捧げることになっているのです。

浅子：ロイさん、踊りもされるのですか。

ロイ：はい、フラの原型となった、カヒコという踊りを専門にしています。

浅子：カヒコ……。普通のフラとは違うのですか。

ロイ：ええ、今の主流はアウアナと呼ばれる現代フラなんですが、カヒコは古代から、宗教的儀式のために踊られていたのです。神や自然に対する畏敬をこめて、詩を唱えながら踊るのです。ハワイアンミュージックでは踊らないんですよ。

律子：昔は男にしか許されていない踊りだったわ。今はもちろん女性も踊るけどね。まあ、日本の神事みたいなものね。

ロイ：あ、こちら先ほど話した日本人のオーナーの、律子さん。瀬尾律子（せおりつこ）さんです。

浅子：はじめまして、思井浅子です。

律子：あなた、さっきペレに呼ばれているって言ってたわね。

浅子：はい、なぜだかわかりませんが、そう感じるのです。

律子：なぜだかわからないのに、そう感じるのは、魂の約束だからよ。良かったわね、今日は特別な祈りの日よ。こんな日にキラウエアに行けるなんて、あなた、本当にペレに呼ばれているわね。

～キラウエア火山　ハレマウマウ火口～

（日が落ちて、火山から噴き出す炎と赤く縁取られた溶岩が周囲を明るく照らしている）

浅子： なんて幻想的な光景なの。この世のものとは思えないくらい美しいわ。

ロイ： では、僕たちは儀式の準備にとりかかります。浅子さんはここからペレに挨拶をしてくださいね。

浅子： （噴火口に向かって）

キラウエア火山の守護神のペレ、日本から参りました思井浅子と申します。

この度はご縁をいただきまして、こちらに来ることが叶いました。

お呼びいただき、まことにありがとうございます。

（深く一礼する）

私は浜辺で見た、あなたの怒りとも悲しみともつかない瞳が忘れられません。

私に何かできることがあるなら、どうぞおっしゃってください。

（ホラ貝が吹かれ、儀式が始まる。オリ〈詠唱（チャント）〉が読み上げられ、ドラムが鳴らされる。

ロイを中心としたカネ〈カヒコを踊る男性〉たちが足をふみならし、ドラムのリズムに合わせ、歌い手のメレ〈歌〉に合わせて踊り始める。じっと見つめる浅子。鼓動が速くなり、目には涙があふれている）

浅子：知っている。私はこの光景を知っている。なぜだかわからないけど、知っているわ！

懐かしい……。昔、私もここで彼らのように踊っていたわ。ペレの怒りを鎮めるために。そしてその時、大噴火が起こったのよ。

ああ、たくさんの人が亡くなったわ。それでもペレの怒りは収まらなかった。私たちは、三日三晩踊り、歌い続けた。そしてようやく噴火は収まったわ。

また始まるのね。あの時のようなことが。ペレの悲しみの原因はそれなのね。

今度はたくさんの人が犠牲にならないように、その時のことを知っている私が呼ばれたのね。

また、一生懸命、歌い踊ればいいのね？　私に今できることは、それなのね？

身体が自然に動くわ、この踊り、知っている！　この歌も、リズムも、私の魂の奥深くにしっかりと刻まれているわ！

（浅子が踊りだす。ハートチャクラの勾玉がまばゆく光る。驚きながらもカネたちが受け入れる。浅子を中心に、ものすごい熱気に包まれ、みんなが一緒に歌い、踊る。大歓声と共に、儀式は終わる）


ロイ： 浅子！　素晴らしいよ！　なんで踊れるの⁈

ひょっとして日本でフラの先生だったりして？

僕たちを驚かそうとしたの？　そしたら大成功だったね。

ペレもすごく喜んでいたよ。ありがとう、浅子！


（浅子、カネや大勢の見学者に囲まれ、涙でくしゃくしゃになる）


浅子： 生まれて初めて、生きている意味を感じたわ！

カヒコを踊ってる時は、自分であって自分じゃなかった。

私の魂が、ペレと、ハワイの大地と、カヒコを踊るみんなと一体になって、自分を超えた大いなるものの懐の中に、すっぽりと入っていったわ。

私はペレで、ハワイで、踊りで、歌そのものだった。

何という、至福！　私は、無力で、小さな、制限された自分なんかではなかった！

Ａ：なんだかハワイ島の浅子さん、大変なことになってますね。今までの大変とは全く真逆な意味で。

Ｍ：**これが至高体験というものよ。だから昔の人はリズムに合わせて延々歌って踊るの。この状態になりたいがためにね。**薬も何もいらない究極のハイよ。踊るあほうに見るあほう、同じアホなら踊らにゃ損損、て感じね。日本人も火山が多い土地に暮らす火の民族だから、縄文時代以来、ずっと火を見て踊り歌っていたのよ。ポリネシアと日本は同じルーツを持つ民族ね。浅子さんは、過去世において、ここハワイ島でカヒコを踊っていたから、習わなくても思い出すだけで、できちゃうの。

Ａ：それってめちゃくちゃお得じゃないですか。僕も何か一つでも思い出せたら、天才と呼ばれていたのになあ。それも努力ゼロで。

Ｍ：あなたには５８０回の地球人としての転生があるから、５８０個、努力ゼロでできることがあるのよ。

Ａ：えっ、本当ですか、それは何ですか？　いくつか教えてください。

Ｍ：ワイキキビーチで日長１日寝そべりながら、ヤシの実を割って食べてるわ。

ヤシの実を割るコツを、誰にも教えてもらわなくても知ってるわよ。すごいわねえ。
あとは、アホぼんだったから、親のすねをかじるのもうまいわね。
今世はそれを発揮できなくて残念ね。

A：ちょっと待ってくださいよ。そんな過去世、何の意味もないじゃないですか。

M：あら、意味のないことは何もないわよ。
でも今世あなたは、インターネットという今までにない新しい技術を学びに来たのだから、過去は関係ないの。楽しようなんて考えないで、今世の学びをしっかりすることね。

A：浅子さん、モデルに代わる新しい道をようやく見つけたようですね。
カヒコと歌を律子さんとニギハヤさんから学ぶために、ハワイ島にもう少し滞在するみたいですね。

M：カフェ　カグツチは毎晩のようにフラのショーもしてるから、そこでアルバイトするみたいね。
カフェのオーナーの瀬尾律子さんも、なかなかの人よ。これから彼女は律子さんからもたくさん学ぶことになるわ。この人も、もちろん浅子さんのソウルグループよ。

〜カフェ　カグツチにて〜

律子：浅子さん、日に日に歌と踊りがうまくなるわね。
日本人離れした容姿だから、ほんとのハワイの人みたいに見えるわ。
カフェのお客さんも、浅子さん目当ての人が増えて来てるわね。

浅子：律子さんとご主人のニギハヤさんのおかげです。
彼は素晴らしいフラの先生ですね。

律子：私はイルカが大好きで、イルカと泳ぐ目的でこの島に来たのだけれど、偶然キラウエア火山で彼のカヒコを見て、身体が震えるほど感動したの。
それから毎日のように彼のもとに通い、フラを教えてもらったわ。もうずいぶん昔の話だけど。

浅子：そしてめでたくご結婚されて、このお店をお二人でされてるんですよね。
いつまでも仲がよろしくてうらやましいです。
お二人は私の憧れです。

律子：結婚するまでは大変だったわ。

私の実家は、代々龍神様をお祀りする神社なのよ。

だから、ハワイの人と結婚してハワイ島に住むなんてとんでもないと、家族全員が猛反対だったの。

でも、ある時、宮司をしている祖父の夢の中に、なんとペレが現れて、火の島には水の神様が必要だと言われたのよ。

ペレの制御不能になるかもしれない火のエネルギーを、どうか龍神の水で鎮めてほしいと懇願されたの。

祖父は驚いたけど、神様に頼まれたら仕方がないわね。

それこそ火水（かみ）仕組みだと言って、彼と結婚してここに住むことを許してくれたのよ。

浅子：〝火水〟神仕組み……。だから時々律子さんは雲を集めて雨を降らせたりしているのですね。初めは何をされてるのかと思っていましたが。龍神を呼んでいたのですね。

律子：私の守護神は弁財天様だから、お呼びすると龍に乗って来られて、雨を降らせてくれるの。

そして、ペレの怒りを鎮めたり、溶岩流を冷やして、住宅地まで流れ込まないようにもしているの。

浅子：すごい！　律子さん、守護神と交流されているんですね。

律子：そうよ。あなたはしていないの？

せっかくいらっしゃるのに、仲良くならないなんてもったいないわ。いつも守護神に感謝して、エゴからじゃなく、愛から頼めば、たいていのことはなんとかしてくれるわ。みんな知らないのね。

（カフェに咲子と社長が入ってくる）

浅子：いらっしゃいませ。

咲子：あら、浅子先輩じゃないですか。まだハワイ島にいらしたんですか？

浅子：ええ、パスポートを無くしたので、再発行してもらってる間、ここでお世話になっているの。

咲子：へえ、それは大変でしたね。

私たち、CM撮影がようやく完了したので、明日日本に帰るんです。

浅子：咲子ちゃん、私、あなたに謝らないといけないことがあるの。

社長はおわかりでしょうが、私あなたに嫉妬して、あなたの悪口をネットで書いてしまったの。
あなたを傷つけてしまって、本当にごめんなさい。なんて浅はかで愚かなことをしてしまったのかと、悔やんでも悔やみきれない……。

咲子：整形疑惑のことを書いたのも浅子先輩ですか。ひどくないですか？
あれから私、ネットでいろいろ中傷されて、夜も眠れませんでした。

浅子：本当にごめんなさい。許してもらおうとは思ってないの。ただ謝りたくて。今さら謝ってもどうしようもないのだけど……（涙を流す）。

社長：思井くん、君が泣いて詫びるとは……。
咲子くん、もう許してやったらどうかね。
彼女は心から反省しているよ。

咲子：社長が言うなら、水に流してもいいですよ。その代わり、今度は女優として売り出してくださいね。

浅子：社長、咲子ちゃん、ありがとうございます。本当に、ありがとうございます。

A：浅子さん、良かったですね。ちゃんと謝って、ちゃんと許してもらえましたね。
そして咲子ちゃんが浅子さんにしたことを、少しもとがめたりしませんでしたね。

パスポートの件だってて、浅子さんはわかってるんでしょ。

Ｍ：浅子さん、成長したわね。自分の過ちを素直に認め、人の過ちを許せるようになったわね。

自分の未熟を受け入れられると、人の未熟も許すことができるのよ。

なかなか難しいことなんだけど、カヒコを踊って至高体験をしたことで、彼女は小さな自己から脱皮できたのね。

この学びは大きいわね。ポイント高いわよ。

さあ、ここからが彼女の本当の人生のスタートよ！

〜月読平先生カウンセリング室にて〜

月：今回のハワイはどうでしたか。

浅子：過去世の記憶がよみがえり、昔ハワイ島でペレのために踊り、歌っていたことを思い出しました。

そして、踊ること、歌うことの楽しさ、素晴らしさに目覚めました。

魂が喜ぶ感覚を、生まれて初めて経験しました。

自分には何の才能もなく、もっと美しくなければ愛されないし、生きている価値がないと思っていましたが、私にもできることがあることがわかり、心が震えました。

月：それは良かったですね！　すごい進歩じゃないですか。僕もとても嬉しいです。

ハワイが浅子さんを呼んだのですね。

浅子：そうなんです。ハワイ島の女神、ペレに呼ばれました。

彼女のいかんともしがたい哀しみを、私たちの踊りと歌で少しは慰めることができたと思います。

月：ペレの哀しみがわかったのですね。

浅子：瞳が泣いていました。深い深い哀しみを感じました。

月：あなたには、人の痛みがわかるアンテナがありますね。そしてそれを受け止め、どうにかしてあげたい、癒やしたい、という願いがあるのではないでしょうか。

浅子：そうでしょうか。今は踊れる喜びの方が強いので、よくわかりません。

そんなできた人間だとも思わないですし。

ただ、一つ心に決めたことがあるんです。

月：ほう、それはなんですか。

浅子：モデルをやめて、踊ることを仕事にしていきたいと思っています。ハワイで、私が踊ると、見た人がとても喜んでくれるのがわかりました。初めて何かをする喜びを知りました。具体的にどんな仕事かは、まだわからないのですが、これが私の才能であるなら、それを生かしていきたいと思います。

月：そうですね。過去世からのギフトは最大限に生かした方がいいですね。一つの選択肢として、こんなものがありますよ。（パンフレットのようなものを渡す）

浅子：ダンスセラピー？　なんですか、これ。

月：よかったら、調べてみてください。それが今日の宿題です。

〜浅子の自宅にて〜

浅子：（インターネットで調べている）ダンスセラピーとは、ダンスや身体の動きを活用した心理療法です。心と身体の相関関係を重視し、ダンスや肌の触れ合いを通して、心身の機能回復、向上を目指す治療法です。踊りによってもたらされる交流と、芸術的な表現は、私たちの心身に、豊かな変化をもたらしてくれます。
（もらったパンフレットを見て）日本ダンスセラピスト協会……。
面白そうだわ。それにリストカットや摂食障害で苦しんだ過去も、なんらかの
役に立つかもしれない。
月先生のおっしゃるように、意味のないことは何もないのね。
ここに行って、いろいろ教えていただこう！

（家から出て、日本ダンスセラピスト協会へと向かう→迷路出口）

アマテラス：浅子さん、大変だったのに、よくやりました、おめでとう！
私の勾玉も、最適な場面で、最高の働きをしてくれました。

M：アマテラス様、ご友人のペレも特別出演された迷路でしたね。

アマテラス：私とペレは、昔から深い繋がりがあります。日本とハワイが古代から深
く繋がっているように。
今回、ペレは私からの出演依頼に快く応じてくれました。

彼女、秘かにコノハナサクヤヒメをライバル視してるようだから、今回の敵キャラを演じてくれた、此花咲子ちゃんが出る迷路にぴったりだったのです。

M：今回のゴールも守護神アマテラス様のお力が大きいですね。

アマテラス：浅子さんが私の存在を、心から信じ、信頼してくれてるからこそです。見えない存在を信じるって、なかなかできないのです。

今回のご褒美は、草薙の剣です。

次の迷路で使ってくださいね。

☆アマテラス様のありがた〜いお言葉

この世に生まれた時、誰もがみな、何もできない赤子として、与えてもらうことから人生はスタートします。やがて成長するに従って、自分の可能性が広がり、できる幸せを感じるようになります。

でも、本当の成長は、生かされていることに感謝し、あなたでしか果たすことのできない働きに気づくこと。その働きに応えようとすること。

そして、他人を許し、自分を許せるようになること。

★**第2のゾーンのテーマ**：できる幸せをかみしめ、自分にOKを出す

★**覚醒のツール**：カヒコ

★**敵キャラ**：此花咲子

★**かけられていた呪い**：何がしたいのか、何ができるかわからない

★**サポーター**：ロイ、イルカたち、瀬尾律子

★**友情出演**：ペレ

★**手に入れた光の武器**：草薙の剣

★**思い出した叡智**：私は昔ペレのために、カヒコを踊り至高体験をした

特別コラム

～守護神と守護霊の違いとは～

よく、守護神と守護霊の違いは何ですか、と聞かれます。

私は、どちらも周波数の違う高次元の自分だと認識しています。守護霊は人間の経験があるので、身近な問題の担当です。守護神は、人間の経験がなく、純粋な光の知性として存在します。宇宙根源神とのパイプ役でもあります。

宇宙を作った、形のない法則神とでもいうべきエネルギーが、ある時八百万（やおよろず＝無数）に分かれ、宇宙の隅々に散り、拡大、発展を続けていく中、その一部が周波数を落としてこの三次元の地球に、肉体を持つ人間として現れました。

それを周波数が高い次元で見守る存在が守護霊であり、守護神です。今回は登場しませんでしたが、指導霊という存在もいます。守護霊とよく似た立ち位置ですが、守護霊は生まれる前からずっと傍らに寄り添って見守り導いていますが、指導霊は主に、その人の能力開花や仕事、趣味などをバックアップするためにいるので、その時々の必要なレベルに応じて変わることもあります。

名前はなんであれ、元をたどればみんな一緒、周波数が違い、現れが違うだけです。太陽の光が7色に分光されるように。そして、三次元は高次元に支えられていて、ひと繋がりなのです。

第3章

第3の迷路

～繋がりに目覚めるゾーン～

～月読平先生のカウンセリング室にて～

月：ダンスセラピーの勉強は進んでいますか。

浅子：はい、セラピスト協会からの紹介で、アメノウズメ　ダンスラボに通っています。学べば学ぶほど、発見が多くあって、すごく興味深いです。

月：それは良かったですね。たとえばどんなところが興味深いですか？

浅子：ラボの主催者である雨野先生が「ダンスはコミュニケーションである」とよくおっしゃるんです。ダンスを通して「自己と関わる」こと、「他者と関わる」ことが同時に進行して、自分のことがよくわかるし、人のことも言葉を介さずに理解することができるようになってきました。これは初めての経験でした。

月：浅子さんの感受性がますます研ぎ澄まされてきてますね。

浅子：今まで私、人と関わることが苦手だったんです。よく誤解されましたし、人が怖くて心を開けませんでした。人の言葉も信用できませんでした。でも、身体を通してのコミュニケーションだと、なぜかうまくいくのです。身体は嘘がつけないからでしょうか。人と関わることがだんだん怖くなくなってきました。

月：それは素晴らしいですね。ダンスセラピーを学ぶと、意識と身体がいかに密接に繋がっているかがよくわかると思います。もともとは言葉で自分のことが表現しにくい精神障害や知的障害を持つ方々のための治療として用いられたのが始まりですからね。今や医療や教育、メンタルヘルスの場などで幅広く利用されています。日本では40年くらい前から、病院や施設などで取り入れられ始めましたね。

浅子：ストレスケアにもいいですし、簡単なダンスやリズムを通して、高齢の方の心身の機能回復に役立っていますよね。

早くセラピストの資格を取って、施設などで働けたらいいなあと思っています。

月：新たな目標ができて良かったですね。目がキラキラしていますよ。

浅子：月先生のおかげです。それに、今度、ロイの推薦でハワイ島で行われるフラの大会に参加することになったんです。カヒコとアウアナの両方を、現地の仲間と踊ります。

月：それはすごいですね。日本人として誇らしいですね。

では、今回の宿題は、ハワイのいろんな人たちとさらに交流を深める、というのにしましょう。

浅子さんを大切に思ってくれる人たちばかりではなく、初めての人や苦手だと思う人とも、自分の枠をはみ出し、積極的に繋がってください。

それと、これをプレゼントします。

浅子：ノート、ですか？

月：はい、守護神との対話ノートです。

このノートで、もっとご自分から守護神に働きかけてください。

日記のように、ご自身の気持ちを書き連ねて、守護神に聞いてもらうというのでもいいですし、ひたすら感謝するノートにしてもいいです。

浅子：守護神にお願い事をしてもいいのでしょうか。

月：もちろん。ただ、お願い事をするときは、もうすでにそれを守護神が叶えてくださったかのように、リアルにその状況をイメージして、完了形で書いてください。それが当たり前のように叶っている意識で書くのがポイントです。そして、それが叶った時の感情をしみじみと味わってください。未来のエネルギーの先取りです。叶っているタイムラインにシフトするのです。そこには誰がいて、周りはどんな様子か、その時あなたは何を思っているか、なども見てみるといいでしょう。

浅子：叶った時の気持ちも、感じるだけじゃなくて書いた方がいいのですか。

月：イメージするだけでもいいですが、書く方が叶いやすいというデータがあります。心を込めて書くと、文字に想いが刻まれ、文字がその想いを未来に運ぶのです。また、視覚化することで、願いがよりはっきりして、潜在意識に刷り込むことができるという効果もあります。最後に、守護神にお礼を言って締めくくってください ね。

あ、それとここが重要なんですが、書き終わったら、見返すのはいいのですが、あまり結果に執着しないことです。あとは天に託(たく)するというか、守護神を信頼してお任せするというスタンスがいいですね。それが必要なら、最高最善のタイミングで与えられ、成就すると。

浅子：あのう、私の守護神さんというのは、やはりアマテラス様のことでしょうか。

月：はい、このノートの表紙の色は、アマテラス様のエネルギーの赤をイメージしています。

浅子：それで燃える太陽のように真っ赤なんですね。この表紙からもアマテラス様のエネルギーをいただけそうですね。ありがとうございます。

毎日アマテラス様に、ノートを通して私の気持ちを聞いていただきます！

月：質問もどんどんしてみてくださいね。面白い形で答えが返ってくることがありますから。

浅子：え、守護神さんが答えをくれるのですか！　それは驚きです。遠い遠い存在かと思っていました。

月：もともとはみんな、この宇宙を創造した宇宙神の光の分光だから、守護神も守護霊も僕たちも、振動数の違いはあれ、同じ光のネットワークの一員です。言うなれば、光の家族のようなものですね。守護神は、そのネットワークのトップに位置して、宇宙神と直通ラインで繋がっているので、守護以外に、僕たちと宇宙神を繋いでくれる役割もあります。

このノートは、守護神にこちらからアクセスすることができるツールの一つです。どんどん使いこなして、守護神と積極的にコンタクトを取ってくださいね。

浅子：はい！　光の家族って初めて聞きました。そんな存在がいることがわかって嬉しいです。ノートという身近なツールを通じて交流ができるなんて、本当にありがたいですね。

月：もちろん他にもやり方はありますが、どんな形であれ、日々の暮らしの中で守護神と密な関わりを持ち続けるということが大切です。僕も黄色い表紙のツクヨミノミコトのノートを持っていますし、ほら、白衣の下は、ツクヨミTシャツを着ていて、常にツクヨミのエネルギーを感じているんですよ。どこかにアマテラスTシャツも売っていたらいいですね。

A：ツクヨミTシャツって……。なんか月先生、お茶目ですね。やはりどこか女性的なエネルギーがありますよね。ところで浅子さん、踊りの才能の気づいてから、毎日をイキイキと生きていますね。モデル時代と全然違いますね。

M："できる幸せ"を見つけたから、自分に自信がついたのね。自分の得意を知ることは大事ね。ダンスセラピーを学ぶことも、彼女の成長に役立っているわ。さすが月先生だわ。彼女の自由意思を尊重しながらも、可能性を開く道を示し続けているわね。

A：赤い秘密のノートみたいなものも渡していましたね。いいなあ、浅子さん。僕も月先生みたいなカウンセラーに出会いたかったな。そしたらもっと人生うまくいっていたかもしれないのに。

M：だから、あなたも自分の守護霊と守護神を味方につけたらいいのよ。これからでも遅くないわ。さっそくピンクのノートでも買ってきて、同じことをしたらどう？

A：人ごとだと思ってないで、浅子さんの人生からあなたもしっかり学びなさい！
ピンクのノート？　いやあ、浅子さんの人生と僕の人生にはあんまり接点がないから、いまいち何を学べばいいのか、よくわからないですね、正直なところ。
あ、サーフィンは好きだから、ハワイには何度か行きましたけどね。
その時溺れかけたんですけど、浅子さんの時のように、イルカは助けに来てくれませんでしたよ。

M：その代わり、近くで泳いでいた刺青した強面のおじさんが助けてくれましたけど。
それがあなたの味方キャラなのよ、わからないの？　あなたを助けるために、守護神が遣わした天使よ。

A：えーっ?!　あのシュワルツネッガーみたいなおやじが?!
どうせならもっとグラマラスなお姉さんが良かったなあ。

M：罰当たりなことを言わないの。あのくらいの人じゃないと、あの沖合からあなたを担いで泳げなかったわよ。あなたのことだから、必死でしがみついてたんじゃないの。

A：色っぽいお姉さんだったら二人とも溺れ死んでたわ。

うっ、よくおわかりで……。ほんとあの時は死ぬかと思いましたよ。シュワちゃんがちょうど近くにいて、僕に気づいてくれて助かりました。あの太い腕に抱きあげられ、大きな頼もしい背中にしがみついた時の安ど感と言ったら。地獄に仏とはこのことかと……。

M：そうでしょ。**守護神のヘルプは絶妙なのよ。今まで目に見えないところで助けられているのに、偶然だとか、自分の力だとか思って感謝しないから、人生うまくいかないのよ。**

NO守護神、NO　LIFEよ。これからはそれを肝に銘じることね。

はい、復唱して。NO　守護神　NO　LIFE！

A：NO　守護神　NO　LIFE。

M：Lの発音が悪いわね。それにFは下くちびるを軽く噛むのよ。

A：まありんさん、バレーボールのアタッカーの次は英語の先生だったんですか？

中学校の英語の先生も同じことをよく言ってました。

M：うふふ。なんでもできちゃうって罪よね。私の過去世はできる幸せで満ちているわ。あなたにどれか分けてあげたいくらいよ。ヤシの実割りだけじゃねえ～。

A：あのう、まありんさんの自慢話より、早く浅子さんの物語を進めましょうよ。

M：そうね、この章は、愛の迷路よ。あなたの好きなラブロマンス満載よ、楽しみでしょ。

A：僕の場合はNO　LOVE　NO　LIFEですからね。愛のない人生なんて考えられません。

M：女好きなだけでしょ。ノーラブじゃなくて、ノーブラじゃないの。ノーブラ　ノーライフ。ノーブラ推進協会の会長にでもなったら？

A：……。やはり男の方が圧倒的にロマンチックだなあ……。

～ハワイ島にて～

ロイ：浅子！　よく来たね！　また会えて嬉しいよ。カヒコの仲間たちも待っているよ。

浅子：ロイ！　私も会いたかったわ。私をメンバーに推薦してくれてありがとう。

フラの大会まであまり時間がないから、早速練習しないとね。

（練習会場に急ぐ）

ロイ：みんな、日本から浅子が来てくれたよ。

仲間A：浅子！　キラウエア火山の儀式の時の踊りは素晴らしかったね。また一緒に踊れるなんて嬉しいよ！

仲間B：今度はアウアナも踊るんだって？　そりゃあ楽しみだ。

仲間C：浅子、はじめまして。あなたの噂はロイから聞いているわ。カフェ　カグツチのショーにも出演していたのね。すごい人気だったんですってね。

ロイ：うん、日ごとに浅子目当ての客が増えて、最終日なんか店に入りきれないほどだったんだよ。律子さんもニギハヤ先生も大喜びだったよ。

仲間C：ロイ、なんだか自分のことのように嬉しそうね。

モアナ：ちょっと、しゃべってばかりいないで、早く練習しましょうよ。時間がないのよ！

ロイ：悪い、悪い。浅子、こちら女性陣のリーダーのモアナ。モアナ、これから浅子のことよろしく。

浅子：モアナ、お世話になります。よろしくお願いします。

モアナ：このフラの大会は私たちにとってものすごく大切な大会なの。去年は準優勝だったから、今年は何としても優勝したいの。それには技術だけじゃダメなのよ。ハワイアンスピリットを表現しなくちゃならないの。日本人のあなたにそれができるかしら。

浅子：ハワイアンスピリット……。

ロイ：モアナ、大丈夫。不思議と浅子はそれをよく理解しているよ。踊りを見ればわかる。

さあ、とにかく踊ってみよう。カヒコから合わせてみよう。

（練習後）

ロイ：浅子、みんなと息もぴったりで、素晴らしい踊りだったよ。ブランクを感じさせないね。

浅子：それなら良かった。こちらにいた時に、カフェ　カグツチのニギハヤ先生にしっかりご指導いただいたおかげだわ。

ロイ：それだけじゃない、浅子が踊りを通してみんなと積極的にコミュニケーションを取ろうとしているのがわかったよ。これは前にはなかったことだよ。それこそハワイアンスピリットのＡｌｏｈａ（愛）の心だね。

浅子：それはきっと、今日本で学んでいるダンスセラピーの影響が大きいかもしれないわ。言葉を介さないで、自分の思いを素直に表現し、相手と分かち合うの。そして相手のことも受け入れて、相手の気持ちを全身で感じるの。人とこんなふうに深く関われるなんて思ってもいなかったから、ダンスに本当に感謝してる。

自分の制限を、ダンスがどんどん外してくれるの。これからの可能性も見えて来たわ。ダンスと出会わなかったら私、今頃どうなっていたかわからない。

ロイ：踊ってる浅子は本当に素敵だよ。見ていると幸せな気分になるよ。すごく美しいし、眩しいくらいに輝いている。ドキドキするね。

浅子：ロイ、そんなふうに言ってくれてありがとう。私もロイの踊りに深い愛と祈りの心を感じるわ。心からハワイとフラと神様と仲間を愛してるんだなあって。あなたはハワイアンスピリットの塊ね。あなたに初めて出会ったときから、なんて温かい人なんだろうって思っていたの。

ロイ：僕も浅子がドルフィンスイムに来てくれた時、懐かしい感じがして、初めて会ったとは思えなかったよ。やっと出会えた、というか……。

モアナ：ロイ、浅子！　今からみんなと練習後のミーティングよ。カフェ　カグツチに行くわよ。
浅子：そうなんですね、ちょうどよかった。律子さんとニギハヤ先生にご挨拶したかったんです。
モアナ：ロイ、そのあとはいつものように、私の家に来てね。
ロイ：う、うん……。
浅子：……。

A：なんだか浅子さんとロイ、いい感じですね。
でも僕、第3章にもなるとだいたいパターン読めてきましたよ。モアナさん、明らかに今回の敵キャラですよね。二人に嫉妬して、二人の間を邪魔する役割なんでしょ。それにもめげず、二人は真実の愛を貫いていく……。くーっ、泣かせるじゃないですか。ハンカチ用意しとこ。
M：わかってないわねえ。第3章ともなると、そんなありきたりの試練では成長できないのよ。あなたの頭では到底思いつかない展開になるわ。ほら、迷路のあそこに、大きな壁が見えるでしょう。あそこは避けて通れないようにしてあるのよね。

A：えー、そうなんですか。あんまり浅子さんをいじめると、読者から苦情が来ますよ。読むのが苦痛だとか、そんなこと実際にはありえないとか。

M：事実は小説より奇なり、っていうでしょ。実際にはもっと山あり谷ありの大変な人生を歩んでいる人が多いわ。浅子さんの人生なんて、まだまだ甘いものよ。成長するにはもっと試練が必要ね。深い痛みも悲しみも経験して、人間としてもっと磨かれていってほしいわね。
私が人間だった時も、艱難辛苦（かんなんしんく）の連続だったけれど、それを乗り越えたからこそ、守護霊としての今があるのよ。浅子さんもあのくらいの壁は乗り越えてほしいわ。

A：守護霊なのに、まありんさん、英語の発音チェックと同じくらい浅子さんに厳しいですよね。もっと浅子さんに愛を〜。NO　LOVE　NO　LIFEですってば。

M：何が愛かなんて、見かけではわからないわ。本当の愛はもっと奥が深いのよ。わかりやすい愛にコロリといくと、騙されて痛い目にあうわよ。あなたもまだまだ修行が足りないわね。ＬとＶの発音も悪いし。読者からの苦情の前に、ルイヴィトンから苦情が来るわよ。
それに何が起こっても、勾玉と草薙の剣を持っているから、うまく使えばバッドエンドになることはないわ。

～カフェ　カグッチにて～

律子：浅子！　おかえりなさい！　あなたが来るのを心待ちにしていたわ。

ニギハヤ：なんか前と印象が変わったね。雰囲気が大人になったね。
　フラの大会まであと少ししかないけど、ちゃんとみんなと踊れてるかい？

仲間A：今日初めて一緒に踊ったんですが、すぐに僕たちに溶け込んで、全く違和感がないですね。

浅子：もしそうなら、ニギハヤ先生のレッスンのおかげです。フラの技術面だけでなく、精神面もいろいろ教えていただきましたから。

ニギハヤ：フラは、特にカヒコは、神様に捧げる祈りの踊りだからね。
ウハネ（スピリット）としての自分を信頼して、同じくウハネとしての仲間も信頼すること。
そして自然の力や、先祖霊や守護神と繋がって、今ここに生かされていることへの感謝を表現することが大事なんだ。その喜びを、踊りと歌を通して神様に捧げるんだよ。

仲間Ｂ：ニギハヤ先生の踊りはまさしくそれですよね。先生のカヒコは本当に素晴らしいです。先生の踊りに少しでも近づけるように、大会まで練習に励みます。

仲間Ｃ：律子さんって、その先生の踊りに一目ぼれされ、先生とご結婚されたんですよね。

律子：彼のカヒコを見たときの衝撃は忘れられないわ。特に彼のオリ（詠唱）はすごかった。彼のペレへの愛と、すべてに宿る生命への祈りを力強く表現していて、私は雷に打たれたようになって、その場を動けなかった。

モアナ：それで、日本でのすべてを捨てて、ハワイ島でニギハヤ先生のもとでフラを学ばれたのですね。日本のご両親はすごく反対されたとか。

律子：モアナの家と同じように、私の家も神様ごとを代々担う家系だったから、日本から離れるなんてとんでもないという感じだったわね。ましてや外国人と結婚なんて。

浅子：モアナの家は神様ごとをしているのですか。

モアナ：ええ、カフナといって、代々ハワイ島の神官を務めているわ。神様と繋がって、マナ（霊力）を操り、予言をしたり、病気を治したりもするわ。

浅子：すごいですね。モアナは特別な能力をお持ちなんですね。

モアナ：特別な能力を持ってるとは思わないけど、特別な家系だとは思うわ。私はカフナの家系に生まれ育ったことを誇りに思ってる。だから私はハワイ島を離れる気はないの。結婚はハワイ島の人としか考えられない。（ちらりとロイを見る）

お二人の運命的な出会いと、フラを通しての恋愛、そして試練を乗り越えての結婚は、私にとっての憧れです。私もそんなドラマチックな恋愛と結婚がしたいです。

ニギハヤ：律子との出会いは私にとっても運命的だった。彼女の強い意志が、私に試練に立ち向かうための勇気をくれたし、子供のようなピュアな心が、私の迷いや邪悪な心を清めてくれた。

彼女によって本当の男になれた気がしたよ。今があるのは彼女のおかげだ。心から愛しているし、律子を僕のもとに遣わしてくれた神に感謝してるよ。

律子：私の方こそ彼に救われたわ。物心ついたときから禊（みそぎ）と祓いの毎日で、真冬でも滝行をしたり、山にこもって龍神を呼び使うための修行をずっとしていて、他の道を考えることは許されなかった。周囲の期待も大きかったしね。宿命だから仕方ないと思っていたけど、本当は山より海が好きだったたし、普通の恋愛や結婚もしたかった。私の心はだんだん息ができなくなって、もっと自由に自分を表現できる場所を求めていたの。

家を離れて、自分に何ができるか、自分が何でありうるかを知りたかった。彼にフラを習い始めて、彼と踊り、対話し、触れ合う中で、私はどんどん自由になっていったの。身も心も柔らかくしなやかになり、よく笑うようになったわ。

彼に抱きしめられるたびに、自分の存在を丸ごと祝福してもらってる感じがして、とろけそうだった。生きていることの喜びを初めて感じたわ。

彼を心から愛するようになるのに、時間はかからなかったわね。

なんだか、昔から知ってる感覚がずっとあったし。

彼になら安心してすべてを委ねられた。そんな人は後にも先にも彼だけよ。

モアナ：なんて素敵なお話。聞いてるだけでうっとりしてしまいます。

律子：いい年してノロケちゃって恥ずかしいわ。

浅子：私が今までしてきた刹那的な恋愛とは全く違います。こちらこそそんな自分が恥ずかしいです。私も律子さんのような恋愛と結婚をしてみたいです。

（ミーティング終了後、カフェの外で）

ロイ：浅子、よかったらこれから僕の家で食事しないか。

モアナ：ロイ、何言ってるの、今日は私の家に来る約束でしょ。両親や弟たちも楽しみに待ってるんだから。

浅子：ロイ、ありがとう。私ハワイ島に着いてすぐの練習で疲れたから、今日は一人でゆっくり過ごしたいの。

モアナのところに行ってあげて。

（ホテルの部屋に戻って、赤いノートを取り出す）

浅子：守護神ノートに、パートナーについて書いてみよう。

えっと、すでに叶ったかのように、完了形で書くのだったわね。

思えば、初めて神社でアマテラス様にお願いしたことは、パートナー以外は叶っているわ。本当にありがたいことだわ。パートナーのことも、きっと叶うに違いないわ。

（椅子にゆったりくつろいで、目をつぶり、深呼吸しリラックスする〈守護神と繋がるワーク① 準備編参照〉）

アマテラスオオミカミと3回名前を呼び、アマテラス様と繋がる！　と強く意図する。爽やかな風がどこからともなく吹いてきて、明るく透明な光に包まれる。それが繋がったサインだと感じて、ノートに向かう）

アマテラス様、お陰さまで私にとってかけがえのない、最高最善のパートナーに出会えました！

共に同じ目標に向かって助け合い、成長しあえる魂の同志です。

彼の深い愛に包まれ、身も心も安らいで幸せです。

彼を心から愛おしく感じ、彼の存在を丸ごと愛しています。

二人で光の未来に向かって歩んでいきます。母も友達も、私たちのことを祝福してくれていて、私たちは本当に幸せです。これもアマテラス様のお導きのおかげです。本当にありがとうございました。

A：浅子さん、早速ノートを使っていますね。そのせいか、日ごとにロイとの距離感が縮まっていって、恋人同士のような雰囲気ですね。

M：本当はロイの一目ぼれなんだけどね。だから浅子さんをフラの大会に誘ったの。部外者が出場するなんてありえないんだけど、ロイがみんなを説得したのよ。

キラウエア火山での浅子さんの踊りを見た仲間たちは、もろ手を挙げて賛成したのだけど、モアナをはじめとする女性陣はしぶしぶって感じね。浅子さんはアウアナの経験がないから、優勝を狙ってる女子からの不安の声は大きいわね。

A：それにモアナさん、ロイのこと好きみたいですから、余計やきもきしてますよね。

M：ロイとモアナは幼馴染で、家族ぐるみの付き合いなのよ。両家は二人の結婚を暗黙に望んでるわ。

A：そうなんですね。あ、何か女性陣がもめてますよ。浅子さんがらみかな。

M：浅子さん、やはりアウアナはあまり得意じゃないようね。古代にはなかった踊りだから。カヒコは過去世で踊ってるからお手の物だけどね。

〜練習場にて〜

モアナ：浅子、移動の時にテンポがあっていないわよ。手の角度もみんなと少しずれてるわ！

浅子：ごめんなさい、テンポ、遅れてますよね。手の角度もずれてますか？

仲間C：少しね。一人でも違うと美しくないわ。長時間の練習で疲れてきてるのもあると思うけど、アウアナはカヒコに比べて苦手のようね。
浅子：どういうわけか、カヒコは苦労なくリズムも振りつけも覚えられるのですが、アウアナはカヒコほど、身体ですぐに覚えられないんです。素敵なハワイアンミュージックなのに。
仲間C：そうはいっても短期間でこれだけできたら大したものだわ。
大人数で合わせるアウアナは時間がかかるものよ。私たちはずっと一緒にやっているから。
モアナ：カフェで踊るのとはわけが違うのよ。この大会は私たちにとって年に1度の晴れ舞台なの。優勝がかかっているのよ。男性陣にちやほやされていい気にならないで。あなたはお客さんだから優しくされてるだけなのよ。自分が特別だと思ったら大間違いよ！
ロイ：ちょっと、どうしたの。大きな声を出して。
モアナ：浅子が和を乱すのよ。大会は明後日なのにまだ一つにそろわないの。だから部外者が入るのは嫌だったのよ。こんなことでは優勝は無理ね。
ロイ：モアナ、それは言いすぎだろ、浅子に謝れよ。

浅子：ロイ、いいの、本当のことだから。疲れてきたら集中力が欠けてきて、少しテンポが遅れてしまったり、手の角度がみんなとずれてしまうの。一糸乱れぬ動きが要求されているのに、みんなに申し訳ないわ。

ロイ：浅子は今までこんなに長時間練習したことないから当然だよ。少し休憩したらいいよ。

モアナ、君はリーダーなんだから、感情的にならないでしっかりチームをまとめないと。

浅子を責めてもチームの雰囲気を悪くするだけだろ。

モアナ：責めてなんかいないわよ、当たり前のことを言ってるだけよ。ロイは浅子に甘すぎるわ。それに女性の踊りのことで口出ししないでちょうだい！

ロイ：なんだって！

浅子：もうやめて！　ほんとに私が足を引っ張っているの。ごめんなさい。

（浅子、泣きながら練習場を出る。ロイが追いかける）

ロイ：浅子！　気にすることないよ。モアナは責任感が強いから大会を前にして気が立っているんだよ。

浅子：モアナの言う通りかもしれない。私、カヒコが少し踊れるからっていい気になってていたわ。自分の存在が認められて、すごく嬉しかった。それにアウアナはカヒコより簡単だと思っていたの。思い上がりもいいとこね。体力がないのもよくわかったし、大人数で踊ることの大変さも改めてわかったわ。

ロイ：（浅子を抱きしめて）浅子の踊りは最高だよ。何より華がある。自信を持って。僕ができるだけサポートするから、安心して大会に臨むといいよ。今晩はうちで食事しないか。母の作る家庭料理で体力をつけて。それに今日は父も家にいるし、浅子を紹介したいんだ。

浅子：ロイ、ありがとう……。あなたがいてくれて良かった。あなた以外はほとんど知らない人だし、初めてのことばかりで本当はすごく心細かったの。

ロイ：浅子、大会が終わったら僕と付き合ってくれないか。

浅子：えっ…でも、あなたにはモアナが……。

ロイ：彼女はただの幼馴染さ。周りが勝手に結婚させようと思ってるだけだよ。今の僕には浅子しか見えない。ほんとは初めて君に出会ったときから、君に夢中だったんだ。浅子とこうして毎日一緒にいられることが、幸せでたまらないよ。

君が日本に帰った時はどんなに寂しかったか。

（ロイが再び浅子を抱きしめる）

浅子：ロイ……。私もあなたのことが大好きよ。あなたの瞳を見つめていると、心から安らげるの。もしツインソウルがいるとしたら、こんな感覚かもしれない。ご両親にもぜひお会いしたいわ。気に入られたらいいんだけど。

〜ロイの家にて〜

ロイ：ただいま！　浅子を連れて来たよ！

ロイの父：おかえり。君が噂のミューズかい。すごく美しいね。会えて嬉しいよ。

ロイの母：アサコ、アロハ〜！　よく来てくれたわね。お会いしたいとずっと思っていたの。ロイは毎日あなたの話ばっかりなのよ。

浅子：はじめまして。思井浅子と申します。夕食にお招きいただきありがとうございます。

ロイの母：あなたのお口に合うかわからないけど、伝統的なハワイの料理をたくさん作ったから、遠慮せずに召し上がってね。

ロイの父：オモイ……アサコ……。オモイ、アサコ?!
　君のファミリーネームはオモイっていうのかい？
浅子：はい、母の名字なんです。両親は私が小さい時に離婚したので。でもそれは育ての父で、私の本当の父親は、名前も顔も知らないアメリカ人なんです。
ロイ：えっ、そうなの？　初めて聞いたよ。浅子にはアメリカの血が流れてるの？
浅子：ええ、この風貌だから、小さい時はよくいじめられたのよ。でもそのおかげでモデルになれて、ハワイ島にご縁をいただけたのだから、今では感謝してるわ。
ロイ：お父さん？　どうしたの？　顔色が悪いよ。
ロイの父：いや、まさか、そんなことが……。もしかして、君のお母さんはキリコでは？
浅子：はい、そうですが……。母をご存じなんですか？
ロイの母：あなた、もしかして……。
（ロイの父が書斎から数枚の写真を持ってくる）
ロイの父：この子は、アサコ、君だね。
浅子：私の赤ちゃんの時の写真！　あ、これは七五三の写真、そして幼稚園の時の写真もある！

ロイ：お父さん、これは一体どういうこと?!

ロイの父：まったく若気の至りと言うか、お恥ずかしい話なんだが、30年ほど前に、ワイキキで日本人旅行者の女性と知り合って、意気投合してね。明るくて気のいい女性で、お酒の勢いもあって、一夜を共にしてしまったんだ。その女性がキリコなんだ。

彼女は友人と一緒だったから、すぐにホテルに戻って、次の日には日本に帰国したから、それっきり、あとくされのない関係だと思っていたのだが……。

思いがけず、キリコが妊娠してしまって、そのことをあとから日本人の男性から知らされたんだ。

浅子：そんな、まさか、そんな……（身体が震えだす）。

ロイの父：彼はいろいろ手を尽くして私のことを探しだして、もう堕胎は難しい時期になっているから、日本に来てキリコに会って、今後のことをちゃんと話し合ってほしいと伝えにきたんだ。

初めは私のことを陥れて、お金を騙し取ろうとするつもりではと思って、突っぱねたよ。新手の詐欺かと思ってね。第一、本当に私の子供だという証拠もなかったしね。そしてその時はもう彼女（ロイの母）と付き合っていたから、余計なことに巻き込まれたくなかったんだ。

ロイ：ちょっと待って！　頭を整理させて。

じゃあ、浅子はお父さんの子供なの？　僕と浅子は姉弟ってこと？

ロイの父：……そういうことになる。

ロイ：そんな!!　何かの間違いじゃないの?!　急にそんなこと言われても信じられないよ！

ロイの父：ロイ、今まで黙っていてすまなかった……（頭を下げる）。

あとで彼は、赤ちゃんが無事に生まれたこと、アサコと名づけたこと、協力して育てていくことを写真付きで知らせてくれたんだ。

アサコの写真を見た時、自分の子供だと確信したね。目元が私にそっくりだった。

それからも彼は幼稚園に入った頃まで、写真を送ってきてくれて、アサコの成長を見せてくれた。

会いに行きたかったが、今さらそんな資格もないし、ちょうど私たちの間にもロイが生まれて……。

浅子：あなたが、私の本当のお父さん！ そして、ロイは私の弟……。

（浅子、ロイの家を飛び出す。ロイが追いかける）

A：あのう……こんなこと言っては何ですが、めちゃくちゃベタな展開じゃないですか。今どき昼ドラでもこんなことにはならないですよ。すぐにチャンネル変えられますよ。

M：アマテラス様と浅子さんと私の3人で、この迷路の物語を考えた時、ここは意見が分かれたとこなんだけどね。

肉体関係を伴わない恋愛と別れを経験するには、こうするしかないという結論に至ったの。浅子さん、さびしがり屋だから、すぐ男性と寝てしまうのよね。そんなに好きでもないのに。バランスを取るために、プラトニックな愛を経験する必要があるのよ。

A：でも、ロイと姉弟にしてしまうなんて、いくらなんでもねえ。

M：実の父親との再会と許し、という大事なテーマもあるのよ。

浅子さん、自分が父親から認知されなかったことで、存在を否定されたと思ってるから。口には出さないけど、責任を取らなかった実の父親を心の底では許してないのよ。むしろ恨んでるといっていいわね。そうなると、今後の彼女のパートナーシップに影を落としかねないわ。父親の影響は大きいから。そろそろ恨みのブラックボックスを出ないとね。

A：父親って言われても、一夜限りの関係でしたし、突然責任取れと言われてもねえ……。

M：人生何が起こるかわからないから、そういうこともあるわ。
試練は突然やって来るから試練なのよ。順調な時ほど注意が必要ね。
諸行無常、すべては移り変わっていくわ。
だからこそ、その事態にどう関わるかで、全く違う現実に導いていけるのよ。
迷路のどの道を選択するかで、行きつくところが違ってくるように。
さあ、浅子さんはこの事態をどう迎え撃つかしら。
私たち、目に見えない存在のことも、思い出してくれるといいんだけど。

～ロイの家の前の庭にて～

ロイ：浅子、大丈夫かい？　こんなことになって、僕も驚いてる。

浅子：私、母から本当のお父さんのことを聞いて、すごく複雑だった。私も子供じゃないから、事情はよく理解できるわ。でも、心の底では、知らない、関係ない、と言って逃げた実のお父さんのことを、許せないとずっと思ってたの。無責任で卑怯な男だと。育てのお父さんがいなければ、私たち母子はどうなっていたか。

それに、ロイと姉弟なんて……。こんなことって……。

ロイ：僕もショックで頭が真っ白だよ。出会ってから、ずっと君のことばかり考えていた。心から愛している。ゆくゆくはプロポーズするつもりでいたんだ。もう、どうしたらいいかわからない（頭を抱える）。

浅子：姉弟だとわかった以上、お付き合いはできないわよね。私も、今までの人生で一番好きになった男性なのに……なんでこんなことに……（泣く）。

ロイの母：浅子、ロイ、とにかく家の中で話をしましょう。そんな気にはなれないかもしれないけど、夕飯もぜひ食べて行ってほしいの。

浅子：お母さん、ごめんなさい。せっかく作っていただいたのに申し訳ないのですが、今日はこれで失礼します（浅子、一礼して走って去って行く）。

ロイ：浅子！

浅子：（浅子、ホテルの部屋で、ベッドに突っ伏して泣いている）

私の本当のお父さんがロイのお父さんだったなんて……。

私の存在を拒否して、私と母を切り捨てたくせに、自分はちゃんと幸せな家庭を営んでいたのね！

それに、ロイ、懐かしい感じがしたのは、同じ血を持つ者同士の、目に見えない絆のせいだったのね。あなたにどんどん惹かれていって、あなたとなら、理想のパートナーシップを組めると思っていた。律子さんとニギハヤ先生のように。

それももう叶わない……。

これからロイとどんなふうに付き合っていけばいいの。

アマテラス様、私、パートナーシップについて、ノートにお願い事を書きましたよね。

その答えがこれですか？　それならあんまりです。それともパートナーはロイじゃないっていうことですか？　他に誰かいるのですか？

いやです、他の人なんて。私はロイがいいんです！　ロイしか考えられない……。

彼とカヒコを踊る時、何気ない会話をする時、目と目があった時、すごく幸せを感じました。一緒にいるだけで安心しました。こんなに人を信頼でき、心から寛げたのは初めてです。ロイも同じ気持ちで、結婚まで考えてくれていたのに……。

ロイと一緒なら、どんな困難でも乗り越えられると思っていたのに……。

諦めるしかないなんて……。私にはまだパートナーシップは無理なんですか？

アマテラス様、黙ってないでなんとか言ってください！

（ひとしきり泣いたあと、ベッドから起き上がって、机に向かう）

何のメッセージもいただけない……。やっぱり、守護神なんているわけないわね。こんなの書いてもなんにもならないわ！

（ノートをごみ箱に捨てる）

A：あーあ、浅子さん、アマテラス様に八つ当たりして、大事なノートを捨ててしまいましたね。せっかくここまでいい感じだったのになあ……。
これって、また昔の浅子さんに逆戻りってことですかね。

M：まあ、人生そんな順調にはいかないわ。
それに、**迷路は迷うためにあるのよ。迷わない迷路なんて、面白くもなんともないじゃない。**あなた、すぐにゴールできる迷路で遊びたい？

A：そう言われてみたら確かに。迷路ゲームでは、迷うことを楽しんでいますね。

M：今回の迷路は、前のより少し複雑なの。
今までは、ちょっと助けを呼んだだけで、上からのヘルプをいただけていたわよね。
今回はノートに書くという、積極的なアプローチを自分からしたのにもかかわらず、彼女にとっては最悪の事態になったので、やけになっているのよ。
彼女は小さい頃から忍耐力に欠けたところがあったから、またその部分が顔を出したわね。闇は侮れないわ。呼吸もまた浅くなっているわ。一歩進んで二歩下がるってとこかしら。

でも、神様のされることは、人間の制限された思考では理解できないから、ある意味仕方がないわね。蟻が人間の世界を限定的にしか知りえないのと同じように。

A：蟻って……。また上から目線の発言を。

じゃあこの場合の、神様の視点から見た世界ってどんなふうなんですか。

M：知りたい？　実はね、ロイは、同志ではあるんだけど、浅子さんの本当のパートナーではないのよ。

このゲームでは、彼女は彼と結婚してハワイに住む設定はしてないの。

それはもう過去世、つまり過去のゲームで経験済みなので、同じことをする必要はないのよ。

A：ということは、過去世では浅子さんとロイは夫婦だったんですか？

M：ええ。それこそ律子さんとニギハヤさんのように、同じ目的で繋がった、とても素敵な夫婦だったわ。二人が一緒に踊るカヒコは圧巻で、ペレが非常に喜ばれたのよ。男女ペアで踊るカヒコはあまりないのだけど、二人は特別だったわ。

自分の存在に価値を見いだせなくなっている浅子さんにとって、素晴らしい過去世を過ごしたハワイのエネルギーが必要だったわ。そのためにペレが彼女を呼んで、カヒコを踊らせたのよ。それはペレの強いリクエストでもあったのだけど。

そして愛することをまだ知らない浅子さんが、心から人を愛し、愛される感覚を思い出すには、ロイがベストだった。
それに彼女の、捨てられた可哀そうな私、という信念の根っこも癒やされる必要があるの。
育ての父親の件は誤解だったから許せたけど、本当に捨てた実の父親に対する彼女の恨みの思いを、このハワイの地でなんとかしたいわね。

～練習会場にて～

モアナ：明日が本番なのに、ロイも浅子もまだ来ていないわ。どうしたのかしら。
仲間A：あ、ロイが今来たよ。
ロイ：大事な最終練習に、遅れてごめん。ちょっといろいろあって、気持ちを落ち着けていたんだ。あれ？　浅子はまだ？
モアナ：ええ、二人とも何かあったの？　ロイ、目が真っ赤よ。昨日の夜、浅子はあなたの家に遊びに行ったんじゃなかったの。
ロイ：（浅子に電話をする）

モアナ：……そう、わかった。無理しないで。夜にでもまた連絡するよ。

ロイ：体調が悪いから、今日の練習は欠席するそうだよ。本番にみんなに迷惑かけないように、今日は大事を取りたいって。

仲間B：今まで休みなく練習し続けてきたから、疲れがたまってるのかな。

モアナ：そんな！　困るわ。浅子が一番遅れているのに、最終練習に来れないなんて。

ロイ：それは浅子もよくわかっていると思うよ。アウアナがまだみんなとしっかり合わせられなくて、悩んでいたし。

モアナ：わかったわ。来られないならしょうがないわ。浅子なしで練習しましょう！　だから、今日の練習を休むのは、彼女にとってもつらいことだと思うんだ。

（練習後のミーティングで）

モアナ：明日が本番というのに、ロイ、今日の踊りは一体何なの?!　全然心がこもってなかったわ。

仲間A：そうだね。こんなロイは見たことないね。すごくつらそうだったし、踊りにそれが出てたよ。何があったの？　僕たちには言えないこと？

モアナ：明日のためにも、何があったのか話してちょうだい。一人で抱え込まないで。

私たちは昔からの友達でしょ。

（ロイ、昨日の出来事をみんなに話す）

仲間A：……そんなことが……どう言ったらいいのか……。

仲間B：ロイもつらいだろうけど、浅子はもっとつらいよね。実のお父さんと突然出会うことになったんだから。

ロイ：僕に姉がいるという話は、今まで誰からも聞いたことなかったから、本当に驚いたよ。そしてそれがよりによって浅子だなんて！

モアナ：……今だから言うけど、実は私、その話を祖母から聞いたことがあるわ。ロイのお父さんが、昔、カフナをしている祖母のところに、頼みごとをしに来たんだって。

日本に娘がいて、自分の代わりに育ててくれている男性がいるのだけど、その人が事情があって二人のもとを去ることになったから、自分が守れない代わりに、二人にマナを送ってほしいって。

可愛い幼稚園児の女の子の写真を持って来ていたそうよ。それが浅子だったのね。

祖母に絶対にロイに言わないように強く言われていたから、黙っていたの。

ロイ：そうだったのか。お父さんは浅子のことを忘れていたわけじゃなかったんだね。

モアナ：罪悪感に苦しんでいる感じだったそうよ。知らなかったとはいえ、責任を放棄してしまった自分に。ロイが生まれて、親になる喜びや大変さを知って、余計に申し訳ないと思ったみたい。それから何回も祖母にマナを頼みに来ていたのを、私も知ってるわ。

私、明日の大会のためだけではなく、心から浅子のために祈るわ。私の守護神に頼んで、マナを浅子に集めてみる。浅子が少しでも元気になるように。

ロイ：モアナ、ありがとう。恩にきるよ。

仲間B：僕たちも、浅子のために祈ろう！

そしてロイ、つらいだろうけど、今は目の前のことに集中しよう。

僕たちもできる限りのサポートをするよ。

ロイ：ありがとう、みんな。明日の大会は踊りに集中して、楽しむよ。

～浅子のホテルの部屋～

浅子：身体が泥のように重いわ。明日ちゃんと踊れるかしら。

アウアナ、不安だわ。それに、ロイにどんな顔をして会えばいいの……。

（ごみ箱が急に倒れる。中のノートが少し飛び出す）

きゃ、びっくりした。地震？ 違うわよね。急にどうしたのかしら。

（ごみ箱を元に戻す。その時にノートを手に取る）

……月先生がせっかくくださったものを、捨ててはいけないわね。アマテラス様にも失礼よね。

アマテラス様、ごめんなさい。これまでたくさん助けていただいたのに、あまりのことに気が動転してしまって、やけを起こしてしまいました。浅はかな私をお許しください。

でも私、どうしても結婚して子供を育てたいんです。自分が父親に認知されなくて、母からもあまりかまってもらえなかったから、早く自分の家庭を作りたいのです。そして自分の子供は愛情いっぱいの家庭で育てたいんです。

だから、私にとって、パートナーシップが今とても大切なテーマなんです。

ロイ以外にそんな人がいるのでしょうか。

どうか１日でも早くそのような相手に巡り合うことができますように、よろしくお導きください。

そして、明日の大切な大会を、ロイとのことでふいにするわけにはいきません。パートナーシップも大切だけれど、フラも、仲間たちも、私の人生において、かけがえのない宝物です。今は目の前の大会のことだけを考えます。不安もあるけれど、気持ちを切り替えて、みんなと心を一つにして、最高のフラを踊ります！

明日の大会でベストを尽くせるよう、どうか私の心と身体に光をお与えください。

（ノートに向かって一礼し、目をつぶり、合掌する）

あら、いい香り。日本のお香みたい。どこからかしら。心が落ち着くわ（深く呼吸する）。

だんだん眠くなってきた……（ベッドに倒れる）。

A：まありんさん、絶妙なタイミングでごみ箱を倒しましたね。ちょっと強引でしたけど。

M：そうしないと、明日ホテルのお掃除担当の人がごみを片付けに来るからね。あのノートが捨てられると、アマテラス様がどんなにお嘆きになることか。

浅子さんだって後ですごく後悔するわ。あのノートの効力はすごいものがあるのよ。

A：ただ願うより、書く方がいいんでしたよね。文字に念が移るとかで。

M：そう、**文字が念を運んでいくのよ。成功者のほとんどが、その秘密を知っているわ。**あなたも成功したかったら、守護神との対話ノートにどんどん書いていくことね。

守護神が目の前にいると思って、嘘偽りのない本心からの言葉を紡いでいくのよ。あなたの守護神は、紅の豚ならぬピンクの豚だから、ピンクの表紙がいいわね。好きでしょ、ピンク。

A：豚が守護神って……。だから前にもピンクのノートって言ってたんですね。僕がいくら豚骨ラーメンが好きだからって、そんなはずはないでしょ。

M：あら、あなたのご先祖は猪八戒だから、当たらずとも遠からずよ。

あ、そんなこと言ってる場合じゃないわ。見て、アマテラス様が寝ている浅子さんの枕元に立っているわ。夢の中に現れているのよ。

A：わあ、光の洪水で眩しくて見えない！

M：守護神の周波数は三次元の周波数とはあまりにも違うから、三次元では、まばゆい光としか認識できないのよ。

A：でも手に何か剣のようなものを持っているのが認識できました。

M：草薙の剣ね。浅子さんの背骨に置かれていたのを取りだしたのね。剣を上に掲げたわ。

A：わあ、剣に白い光の玉がどんどん集まってきている。幻想的でとても美しいですね。この光の玉は何ですか。

M：ハワイでモアナが集めたマナよ。彼女は先祖神のアウマクアの力を借りて、マナを効率よくたくさん集めて、必要な所に飛ばすことができるの。カフナならではの力ね。

それと、ロイをはじめ、フラ仲間の純粋に浅子を思う気持ちも、光の玉となって草薙の剣に集まって来てるわね。

A：剣がマナの光を吸収して、まばゆく光り輝きだした！　まるでスターウォーズに出てくるライトセーバーみたいだ。

M：アマテラス様がその剣を振りかざし、浅子さんの身体の疲れを祓い、オーラにたまったマイナスエネルギーを清めているわ。

そしてハートチャクラに剣先を向けて、みんなの愛の思いを光と共に注入している。

胸の奥深くに内在されている、勾玉のエネルギーもどんどん活性化しているわ。

A：あれ、光の剣を浅子さんの背中に当てましたね。何をされるのかな。

M：背骨にあるプラーナ管にまた納めるの。**これからは浅子さんの背骨は光の剣になるのよ。そこから放たれる光は八方を照らすのよ。**こんなわくわくすることってあるかしら。

さすがアマテラス様だわ。浅子さんにとって必要なメンテナンスをされたわ。浅子さんの思いにきちんとお応えになられたのね。

～次の日～

浅子：昨日はよく眠れたわ。身体がとても軽いわ。昨日のどんよりした気持ちも、嘘のようにスッキリとしている。よく眠れたからだけではないわね。

夢の中でアマテラス様が出てこられたから、アマテラス様のおかげかもしれない。

こんなに晴れ晴れとした気分になったことがないから、きっとそうだわ。この世のものとは思えない、いい香りもしていたし。それに、なぜかフラの仲間の愛を感じたわ。涙が出るくらい温かかった。今日みんなといいフラを踊れそうな気がする。

アマテラス様、本当にありがとうございます。

（ノートを開いて書き始める）

お陰さまで、今日のフラの大会で、カヒコもアウアナも、みんなと一つになって、ハワイアンスピリットを表現し、最高のパフォーマンスで優勝できました！　ありがとうございます。

仲間との絆を感じることができてとても幸せです。ロイとも、同志として、今まで以上に繋がって響働していくことができるようになりました。

喜びと感謝でいっぱいです！

アマテラス様のおかげです、ありがとうございます。

（ノートを閉じて、その未来のエネルギーをしみじみと味わう）

さて、これでよし。さあ、みんなと一緒に楽しんできます！

～フラ大会の会場にて～

ロイ：浅子！　来れたんだね。身体の方はもう大丈夫？

モアナ：浅子、心配したわよ。踊れそう？

浅子：ロイ、モアナ、皆さん、ご心配おかけして申し訳ありませんでした。昨日1日ゆっくり休ませてもらったおかげで、すっかりよくなりました。今日は精いっぱい皆さんと一緒に踊らせていただきます。よろしくお願いします！

ロイ：良かった！　みんなの祈りが通じたね。さあ、楽しもう！　今までの練習のすべてをこの舞台にぶつけよう！

（ロイの祈りから始まる男女カヒコの演技）

浅子：なんて力強い、ロイのオリ（詠唱）なの。朗々として素晴らしい波動だわ。ロイと同じ舞台に立てて、一緒に踊れて、本当に光栄だわ。この打楽器のリズムも心地いいわ。何十億年前から脈打ち続ける地球の鼓動ね。身体がどんどん熱くなるわ。大地の命を育む原初のエネルギーが、マグマのように両足を通して流れ入って来るのが感じられる。地球のダイナミックな愛が、私を貫くわ。自分が火山の噴火口になったみたい！　私を通して、大地の神が表現したがっている！

ロイ：すごい、浅子、すごいよ。何というパワー、何という神々しさ。今君は大地と一体となって、大地の神に存在のすべてを捧げているんだね。

ペレが君を呼んだはずだね。こんなふうに踊れるのは、君しかいないよ。

そして、僕は、この君の踊りを知っている！　ずいぶん昔のことみたいだけど。ペレの前で二人で踊ったね。その時の君のフラがペレの怒りを鎮めたんだ。そして僕たちは、プライベートでも一緒だったね。君の踊りを見て、今はっきりと思い出したよ。

血が繋がってるから懐かしい感じがしたんじゃなくて、昔から本当に君をよく知っていたんだ！　魂が君の存在を覚えていたんだ！

浅子：大地の喜び、怒り、哀しみ、苦しみが痛いほどわかるわ。

人間は、この大地に生かされ、育まれながら、永遠の転生を繰り返す存在なのね。

ロイとは今世は姉弟だけど、夫婦の時も、親子の時も、親友の時もあったんだわ。

今ここで共にカヒコを踊っている仲間たちもそうだわ。みんな幾転生にも渡って、この地球で役割を変えながら、いろんな時代を共に生きてきたソウルメイトなのね。

今世も出会えてよかった！　今ここで、一緒にカヒコを踊れてよかった！

（演技終了と同時に、怒涛の拍手、スタンディングオベーションが湧き起こる）

モアナ：見ていて鳥肌が立ったわ。みんな神がかったようにすごかったけど、特に浅子！　大地の神と溶け合っていたわ。彼女はいったい何者なの？

でも、これならアウアナも大丈夫そうね。さあ、次は私たちの番だわ！

（女性たちのアウアナの演技）

浅子：何も考えずに、美しい音楽に身を委ねて、この瞬間を楽しもう。ハートを全開にして、みんなと響き合おう。

モアナ：あら、今までの浅子のアウアナの踊りと違うわ。不安や力みが全く感じられない。

すごく楽しそうだわ。私たちと息もぴったり合ってる。その調子よ、浅子！

最後まで頑張って！

ロイ：浅子がアウアナをこんなに楽しげに踊るのを初めて見たな。アウアナの衣装を身にまとった浅子はとても綺麗だ。それに今の浅子は内面の美しさが全身からあふれている。あれ？　浅子の背骨が光り輝いている。これは一体？

浅子：みんな、私を仲間に迎え入れてくれてありがとう。うまく合わせられない時も、辛抱強く関わってくれて、どんなにありがたかったか。そして、昨日の夜は、みんなの愛を身体中に感じたわ。今日は、今までの感謝の思いを込めて、私からみんなに愛を送ります。ありがとう！　愛しています！
今も、これからも、どんな時も、みんなと喜びのダンスを踊り続けたい！
存在の根っ子が繋がっているみんなとの愛のダンスを！

モアナ：浅子が発光している？　背中に光の剣が見えるわ。ちょうど背骨と重なっている。
それが光って周りを照らしているわ。あら、私が集めて送ったマナもそこで光り輝いている。その光がみんなのところに飛んで行って、みんなのマナの光を増幅しているわ。これはうちの家に伝わる代々の秘伝なのに、カフナでもない浅子がフラを通じてそれをしているわ！

浅子：わあ、みんなの顔が光っている！　なんて美しいの！　それに胸から光の手が出て、私たち全員を結んでいるのが見える。私たちは今、光で繋がっているのね。

ロイ：これは見事だ！　一糸乱れぬとはこういうことを言うのだな。素晴らしい！　あ、お父さん、見に来てくれたの？

ロイの父：1年に1度のお前の晴れ姿を見逃すわけにはいかないよ。お前たちのカヒコ、今まで一番感動したよ。涙が出た。それに、アサコ。一昨日の今日だから、ちゃんと踊れるか心配していたけれど、全くの杞憂だったね。このアウアナでも一番輝いているが、カヒコをあれほど踊れるとは。

ロイ：自分の娘として誇らしいかい。

ロイの父：親がなくても子は育つ、というけれど、こんな素晴らしい女性に成長してくれて、キリコに心から感謝するよ。どんなに苦労して育ててくれたことだろうか。

（アウアナが終わり、これもまたスタンディングオベーションが起こる）

浅子：ロイ！　どうだった？　みんなとちゃんと合わせられたと思うんだけど。あ、お父さん……。

ロイの父：アサコ、カヒコもアウアナも、本当に素晴らしくて驚いたよ。君のことを心から誇りに思うよ。キリコにも感謝でいっぱいだ。
アサコ、今さら許してほしいなんて虫のいいことは思ってないが、若かったとはいえ、自分のしたことを心から悔いている。本当にすまなかった（深く頭を下げる）。

浅子：お父さん、頭を上げてください。もういいんです。

あなたが私の写真をずっと持っていてくださったことがわかって、恨む気持ちが和らぎました。あなたなりに私と母を気にかけてくれていたのだと。まるっきり忘れられているのかと思ってましたから。お父さんもずっと苦しんでいたのですね。

そしてフラを踊ることで、みんなと繋がり、地球とも繋がることができ、自分の存在を超えた感覚を経験させてもらいました。

そこは光の絆の海でした。自分も他人もなく、大いなる一つに溶けていました。

捨てられたとか、認められてないとか、そんなちっぽけなことにこだわって拗ねている自分が恥ずかしく思いました。

身体はこんなに大きくなっても、心はまだ親の愛を欲する小さな子供のままでした。

私もこれから人の親になるかもしれないのですから、もっと大人にならないといけませんね。

ロイの父：アサコ……許してくれてありがとう（泣きながらハグする）。
こんな言葉が聞けるなんて、夢みたいだ。神よ、アサコに出会わせてくれてありがとうございます！

浅子：私もあなたにお会いできてよかったです。お父さんのことは考えても無駄だと、ずっと蓋をして見ないようにしてきました。でも、本当は苦しくて苦しくて。もう逃げずにちゃんと向き合わないと、自分との関係も、パートナーシップもうまくいかないんじゃないかと思い始めていたのです。

そんな時に、お父さんと出会えて、本心をお聞きすることができて、ようやく私の心のブラックボックスに光が差しました。私も神様に感謝いたします。

これから本当に新しいスタートが切れそうです。母にも早速伝えますね。

機会があれば、ご家族でぜひ日本に遊びに来てください。

ロイも、いろいろありがとう。あなたに会えて、本当に、本当に良かった。

A：いやあ、浅子さん、ハワイ島でずいぶん成長しましたね。それになんと！　浅子さんたちのグループが総合優勝しましたね！　やりましたね。

M：あの時、アマテラス様のノートを捨ててしまっていたら、この結果はなかったわね。ほら、迷路を見てごらんなさい。あの大きくそびえていた壁を見て。

A：あっ、壁はそのままなのに、扉ができている！

M：アマテラス様が、壁をよじ登らなくてもいいように、扉をつけてくださったのよ。

A：ドラえもんのどこでもドアみたいですね。

M：人間ももっと進化したら、テレポートは普通にできるわよ。蟻やミスターチルドレンのように、高い壁をよじ登りたい人はそうすればいいわ。高ければ高い壁の方が登った時、気持ちいいというのはわかるから。でも、壁はドアをつけてそこから通り抜ければいいのよ。

A：壁にドアをつけるって発想はなかなかできませんよね。

M：蟻のままではね。だからこそ守護神と繋がる方がうまくいくのよ。

A：ありのままで〜♪って歌、流行りましたけどね。

M：自分の本質のありのままならいいけど、だいたいは浅子さんのように、両親や生まれ育った環境の色に染まって、それが自分だと思い込んでるから、そんなありのままでは上手くいかないわね。それを蟻のまま、っていうのよ。

A：あ〜、早く人間になりたい！

M：あなた、やっぱりピンクの豚だったのね。

A：あれ、まありんさん、妖怪人間ベムを知らないんですか。

M：知ってるわよ、白黒テレビの頃から！

A：えっ？　もしかして一番最初のテレビアニメの時から？　ぼくは実写版しか知らないんですが、まありんさんがベラの役をやったら、さぞかしお似合いだったかと……。

M：あなた、スナップではたかれるだけじゃなく、ムチで打たれたいようね（ムチを物質化してベラのように手に持つ）。

A：ひえー！　早く物語に戻りましょう！

〜日本への飛行機の中で〜

浅子：（離陸前の風景を窓から眺めながら、感傷に浸っている）

ロイ、ありがとう。そして、さようなら。つらいけど、またいつか笑顔で再会できると信じているわ。ハワイ島、ペレ、かけがえのない経験を、ありがとう。

若い男：あのう、多分そこ、俺の席だと思うんだけど……（チケットを見せる）。

浅子：あ、本当！　ごめんなさい、私のは窓際じゃなくて、通路側の席でした。

若い男：二人掛けだから、別にそのままでいいよ。荷物の出し入れをするので通路側の方が助かるし。食事が終わったら、この楽器は手元に置いておきたいから。

浅子：申し訳ありません。あら、ウクレレですか？

若い男：そう、このウクレレは、俺の大切なスウィートハート。昨日はハワイ島で開かれていたフラの大会で弾いてたんだ。毎年ハワイの師匠に呼ばれるのでね。

浅子：まあ、そうだったんですね！　実は私もその大会に出演していたのです。奇遇ですね。

若い男：ふうん……。ねえ、もしかして君、優勝したグループで、アウアナを踊ってた人じゃない？

浅子：はい、カヒコと両方踊っていましたが。

若い男：カヒコも踊れるの？　それはすごいね。俺はアウアナ部門しか参加していなかったのでカヒコは見てないんだけど、優勝したグループは、群を抜いて光っていたね。

浅子：ありがとうございます。私が日本人だから覚えてくださってるんですか？

若い男：舞台上ではそんなことはわからないよ。今だって日本人には見えないし。なぜ君を覚えているかって、それは、君の背骨が光り輝いていたからだよ！　初めは目の錯覚かと思ってたけど、明らかに背骨が光ってたね。ねえ、人間、背骨なんて光るものなの？　君、ひょっとして宇宙人？

浅子：面白い方ですね。背骨が光っていただなんて。そうだったらほんとに宇宙人じゃないですか。

若い男：本当だってば。それに、その光が踊っている人たちみんなに降り注いで、光ネットワークみたいに繋がり始めたんだ。アウアナより、そっちに見入ってしまったね。

あ、俺、須佐野音也（スサノオトヤ）。よろしく。ウクレレだけでは食べていけないので、農業もやってる。これだと、ほんとに食べていけるからね。
君の名前は？

浅子：浅子、思井浅子です。

音也：浅子ね、じゃあおやすみ。フラの大会でこき使われて、もうくたくた。

浅子：お、おやすみなさい。

～月読平先生カンセリング室にて～

月：浅子さん、おかえりなさい。ずいぶん印象が変わりましたね。ハワイ島ではいい時間を過ごせたみたいですね。

浅子：はい、おかげさまで。すごく濃い毎日でした。本当にいろんなことがありました。

月：宿題はできましたか？

浅子：はい、初めてお会いする人がほとんどだったので、最初はとまどったり、緊張したりしたんですが、ダンスという共通のツールのおかげで、皆さんと仲良くなれ、深い絆を感じられました。そして大会で優勝できたんですよ！

月：優勝！　それは素晴らしい！　おめでとう！

浅子：優勝したことも嬉しいのですが、それよりも、踊りの仲間と心が繋がって、一つになれたというのが一番嬉しかったです。言葉の壁は関係ありませんでした。それも、月先生にいただいた、赤い守護神ノートのおかげです。

月：アマテラス様とちゃんと繋がれたのですね。

浅子：はい、アマテラス様のヘルプがなければ、フラの大会でみんなの足を引っ張っていたと思います。
そして、実の父と出会い、彼の気持ちを聞けたことが、この旅の一番の果報でした。
私の出生の問題は、考えてもどうしようもないと諦めていました。そう思いながらそこから自由になれないことが、ずっと私を苦しめていたのです。心の底では、私を認めなかった父を憎み、許せないと思っていて、そんな自分も嫌いでした。
今回の出会いで、実の父からも愛されていたことを知り、ようやく、本当に自分にＯＫが出せました。自分の存在の根っこと繋がれた感じがしました。男性不信も手放せました。あとは、パートナーシップですね。

月：それはよかったですね。キリコさんもその件では、浅子さんに悪いことをしたととても苦しまれていましたから、ようやく重い荷物を下ろせそうですね。

パートナーシップの件ですが、まずは自分との関係性をちゃんと結べないと、他者との関係はうまく結べないので、自分と和解できたことは大変良かったです。男性不信もなくなったなら、これからきっと良い出会いが待っていることでしょう。

神様のされることは、人の思惑を超えたところにありますから、浅子さんにとってベストなタイミングで、ベストな人と巡り合うことになるのでしょうね。楽しみですね。

楽しみと言えば、これからこの病院の患者さんのためのミニコンサートがあるのですが、一緒にどうですか。

浅子：わあ、嬉しい！　ぜひ聴いてみたいです。

〜病院の中庭にて〜

浅子：もう沢山の人がいらっしゃいますね。全員ここの病院の患者さんなんですね。

月：ええ、精神科の患者さんが多いですけどね。お子さんや認知症の方や妊婦の方もいますね。みんな月に一度のこのウクレレコンサートを楽しみにしているんです。

浅子：ウクレレコンサートなんですね。

音也：ようっ！　読平！　元気してたか。ひと月ぶりだな。

月：おう、音也、真っ黒に日焼けしてどうしたんだ。またハワイにでも行ってたのか。今日のコンサート、楽しみにしてるよ。

浅子：あなたは……。

音也：お、宇宙人！　こんなところでまた会うなんて。

月：なんだ？　二人とも知り合いだったのか？　もしかして、ハワイで？

浅子：はい、帰りの飛行機で隣合わせだったのです。

音也：浅子、だったよね。君は読平の愛人？　読平、奥さんにチクるよ、こんな綺麗な人と一緒に俺のコンサートを聴いてたって。

月：バカな奴でしょう？　こいつは僕の幼馴染なんです。もうかれこれ30年の付き合いになりますね。

音也：こいつのたっての願いで、この病院で毎月ウクレレコンサートをしてるんだ。

ねえ、ここで再会したのも何かの縁だから、俺のウクレレでフラを踊ってくれない？

月：それはいいアイデアだね。浅子さんさえ良ければ、僕も浅子さんの踊りを見てみたいですね。

音也：じゃあそういう事で、よろしくね、浅子。今日は背骨は光らせないでよ、患者さんたちがびっくりするからね。

浅子：もう！　音也さんたら。

（音也のウクレレで浅子が踊る）

月：わあ、これはすごいな。浅子さん、本当に素晴らしい踊り手だ。

音也：（ウクレレを弾きながら）なんてパワフルで愛に満ちたフラを踊るんだ。俺のウクレレも喜んでいる。踊るとさらに美しい。背骨が光らなくても十分眩しいぜ。

浅子：踊りやすい！　身体が喜んでいる！

カフェ　カグツチでも、ウクレレで踊ったことは何回もあるけど、音也さんのウクレレの音色は、それとは全然違うわ。乱暴な性格に似ず、繊細で、ロマンチックで、愛にあふれているわ。私のハートにある勾玉が反応している。苦手な人だと思っていたのに、ドキドキが止まらないわ。

（音也と浅子が見つめ合う。浅子のハートの勾玉が緑の光を放ち、音也のハートに照射され射抜く）

月：おやおや、これは。上は粋な計らいをするなあ。

（演奏終了後）

音也：浅子、君はやはり宇宙人だね。背骨の光の次は、胸の緑色の光線かい？まいったな。どうも君にやられてしまったようだ。

浅子、よかったら俺と付き合ってくれないかな。

浅子：（胸の勾玉が光を強める）ええ、喜んで！

（二人手を取って病院を後にする→迷路出口）

GOAL!!!

アマテラス：お二人、おめでとう〜！！！

私の光の剣と緑の勾玉が結んだご縁。きっと幸せになることでしょう。

今回のご褒美は、八咫（やた）の鏡です。これで三種の神器が揃いましたね。

八咫の鏡は自分の心の光を映し、その光で周りを照らすものです。次はこれを磨き上げ、その光で他に貢献してください。

M：アマテラス様、今回もお見事でございました。

長い長い迷路、途中どうなることかと思いましたが。さすがでございます。

アマテラス：私のノートをごみ箱に捨てた時の、まありんの絶妙なサポートが効きましたね。それからの浅子さんは本当に素晴らしかったです。試練を糧にすることができましたね。だから壁に扉がついたのです。この迷路で彼女はまた成長しました。私も自分のことのように嬉しいです。

A：守護神ノートの効果はすごいな。僕もピンクのノートを買いに行こう！

☆アマテラス様のありがた〜いお言葉

人は失敗から学ぶ存在。失敗するのは人間の特権なのです。そのために迷路はあるのです。誰もみな、迷うことを前提に、このゲームに参加しています。みんな迷い、失敗するからこそ、人の失敗も許せるのです。

そして本当はそれは失敗ではなく、成長のプロセスにすぎません。

赤ちゃんの時から今日まで、あなたは転びながら成長してきました。何度も何度も、トライ&エラーを繰り返し、ようやくここまで到達しました。

そんな愛おしいあなたを、いつも温かい母のように、見えない世界が見守り支えています。

あなたはどんな時も、決して一人ではありません。それを忘れないで。

★第3のゾーンのテーマ：人との絆と、見えない世界との響働（きょうどう）に目覚める

★覚醒のツール：守護神ノート、草薙の剣、勾玉

★サポーター：ロイ、フラの仲間、月読平

★敵キャラ：実の父親

★かけられていた呪い：人はそう簡単には変われない

★手に入れた光の武器：八咫の鏡

★思い出した叡智：今出会っている人たちは過去世から繋がりのあるソウルメイトだった

特別コラム

～守護神と繋がるワーク②　実践編～

☆守護神ノートの書き方

自分の力だけで何とかしようとするのではなく、宇宙根源神に近い最高善の自分のあらわれである守護神と同行二人で書くのがポイントです。

その1．自分が気に入ったノートを手に入れる。
（色やデザインや紙質、書きやすさなど、自分にとってベストなものを選んでください）

その2．自分の守護神を、名前がわからなくてもいいので、目の前にイメージする（大きな光の塊、というのでもいいです）。名前がわかる場合は、3回その名前を呼ぶ。

身体が温かくなってきたり、目の前が光り輝く感覚、風がどこからともなく吹く、良い香りがするなど、なんらかの変化を少しでも感じたら、繋がったサインです。

その3．呼吸を整えて、守護神に語りかけるように、ノートに願いを書いていく。本当に魂が喜ぶ願い（青写真）をありありと思い描き、あたかもすでに叶ったかのように、完了形で書く。その叶っている光のタイムラインに、守護神とともにシュッとシフトする（神意識と同行二人）。

その4．その願いが叶った時の気持ちを、シフトした自分になりきって書く（魂の深いところでしみじみと喜びを味わうのがポイント）。
具体的に、その時の身体の感覚や、周囲の状況、周りの人たちの反応など、未来をリアルに意識化し、今ここで体験してみる。
守護神や守護霊が喜び祝福してくれているのを感じる。

その5．叶っているタイムラインに簡単にシフトできないと感じる場合、今の自分に立ち返り、その願いの実現を阻んでいる思い込みや前提、現実などがあれば書く（能力に自信がない、時間がない、お金がない、親が反対している……etc）。

自分の中にあるマイナスのつぶやきに気づいたらそれも書く（どうせ駄目、ムカつくなあ、私を誰だと思ってる、わかってくれない、めんどくさいなあ……etc）。

その6．今すぐ自分の力で変えられるものと、変えられないものとに分ける。

その7．変えられるものについては、その具体策を書く（時間の問題なら、もっと早く起きるとか、知識の問題なら、先生を見つけて教えてもらうとかマイナスのつぶやきをストップするとか、具体的なアクションを考える）。

その8．今すぐ変えられないものに関しては、焦らず長いスパンで考える（1年後、3年後、5年後にどのような状況にもっていきたいか、など、準備を着々と整える）。

その9．どうしようもないものに関しては、祈り心で光を送る（人の気持ち、気象状況、世界の政治経済など）。

その10．あとは守護神に托し、叶っている未来に感謝して、合掌する。

☆守護神へのひたすら感謝ノートの書き方

今日一日の出来事を振り返り、守護神に感謝できることを箇条書きにする。

文の最初を「お陰さまで」から始め、文の終わりを「ありがとうございます」で締めくくる。

例えば、お陰様で電車の中に忘れたカバンが見つかりました、ありがとうございます。

というように。

今日はそんなに感謝できることがないと思っても、子供が元気に遊んでいるとか、車の流れがスムーズだった、コーヒーが美味しかった、雨が降っていたけど出かける時にはやんでいたなど、特別ではないけど、まあまあ嬉しかったことを、書いていく。

そして、今日一日何事もなく過ぎたとか、当たり前に思えることにもノートに書いて感謝していくと、本当は当たり前のことなど、何もないことに気づく。

ついには、マイナスに思える出来事に対しても、実はもっと酷いことになっていたかもしれないと、大難が小難になったことを守護神に感謝できるようになる。苦手なものの中にも光を見出せる力がつき、人生に降りかかってくるものを全て肯定し、味わう強さが生まれてくる。

すると起こること全てに感謝でき、波動がどんどん上がるので、またありがとうございます、と言う出来事がやってくる。

「喜べば、喜ぶ事が喜んで、喜び連れて、喜びに来る」という言葉通りです。

ちなみに《ありがとうございます》の10文字は、「アマテラスオホミカミ」や「おめでとうございます」と同じく最強の言霊なので、言えば言うほど良い。

ノートに書く時は守護神に愛を送りながら心をこめて書く。

すると、守護神からの愛や導きをさらに感じることができ、何が起こっても大丈夫、という安心感に満たされる。

この大いなる愛に少しでも報いるために、今度は自分が神様を喜ばせる側に立とうと、自然に思えるようになる。

第4章

第4の迷路

～貢献する喜びを味わうゾーン～

A：浅子さんと音也さん、あっと言う間に恋人同士になりましたね。音也さん、ロイに比べてちょっと乱暴な感じがしますが、浅子さんはあんなタイプが好みだったのですね。それにしても、ロイとの別れからそんなに経ってないというのに、別の男性とすぐお付き合いするなんて、やはり女性は信じられないなあ。ロイのほうはきっとまだ立ち直ってないだろうな。

M：魂の約束の人と出会うってことはそういう事なのよ。過去のいきさつや時間すら関係なくなるわ。忘れているとはいえ、魂の記憶は確実に存在するから。それに、二人の間に生まれてくる約束の子供がいるから、その子のためにも、一緒になる必要があるの。

A：へぇー、生まれてくる子供まで決まってるんですか。じゃあ、万が一、何かの都合で一緒になれなかったらその子は困りますね。

M：あまりにも二人が寄り道していたら、子供になる魂が、キューピッドのように二人を出会わせて結びつけることもするわ。それこそ光の矢でハートを射抜くのよ。

A：えーっ、じゃあキューピッドってなまじっか想像上の存在ではないのですね。小便小僧と同じですね。あれもモデルがいるみたいですし。

M：ちょっと！　小便小僧と一緒にしないの。似てるけど。

正勝：似てませんよ、ほんと、一緒にしないでください。

A：わっ、あなた、誰ですか？

正勝：二人の未来の子供になる魂の、正勝（マサカツ）といいます。

A：えーっ、君が?! キューピッドみたいな赤ちゃんじゃなく、立派な青年じゃないですか。

M：霊界では、その人が一番しっくり来る姿形で自分を表現する場合が多いわ。こちらでは光の状態が基本だけど、人間の形になる必要のある場合にはそうするの。

浅子さんの胸にあった勾玉を利用して、エメラルドグリーンの光線で音也さんのハートを射抜いたのはあなたね。

正勝：はい、母の準備が整ったみたいだったので。

僕も一緒にこちらで母と父の物語を見させていただけますか。

ベストタイミングで、母の胎内にダイブしたいと思います。

A：名前ももう決まってるようだけど、君も守護神と作った人生の青写真を持っているの？

正勝：はい、それがなければ人生を歩めませんから。

A：よかったら、ちょっとだけ、どんな人生か教えてくれない？　興味あるなあ。

正勝：僕は今世、チャレンジの大きい人生を設定しています。そのことが母の成長を促すのです。それが僕が彼女の子供になる時の契約事項です。僕は過去世で母にすごくお世話になったので、今世はご恩返しがしたくて、僕が頼み込みました。そしてそれが自分の魂の成長にも繫がるのです。もちろん父になる魂も承諾してくれました。

A：へえ、いろいろ奥が深いのだなあ。

M：何回も言うように、見えかかりの現実と魂レベルの真実は違うのよ。**すべての出会いと出来事の奥には、その意味や必然が、ミルフィーユのように何層にも重なっているのよ。**下に行けばいくほど、表皮からは想像もつかない深い意味と、神様からのメッセージが隠されているの。それに思いを馳せることができると、人生はより味わい深いものになるわね。

A：地層と言わず、ミルフィーユに例えるところが、まありんさんらしいですよね。

M：まあ、嬉しい！　あなた、第4の迷路にもなると、私の乙女心をわかってくれるようになったのね。

A：甘いものが大好きというのはわかってきましたね。

もうちょっとダイエットしないとまありんが「だるまありん」と呼ばれるようになりますよ（ニヤリ）。

M：ぱこーん！（頭をはたく音）。言ったでしょ。こちらの世界では自分が一番しっくりくる姿で存在できるのよ。私はこの体型が一番幸せなの！

～月読平先生カウンセリング室にて～

月：この病院での毎月の浅子さんと音也とのコラボコンサート、好評ですね。僕の患者さんたちの評判もすごくいいです。ありがとうございます。

浅子：お礼を言うのはこちらの方です。私たちの踊りと音楽がこんなに喜んでもらえるなんて思ってもいませんでした。皆さんの反応と感想から、いつも元気と勇気をいただいています。他の施設や学校などからもお声がかかりだして、嬉しい限りです。

月：音也というベストパートナーもいることだし、この毎週のカウンセリングもそろそろ卒業ですね。

浅子：そんなことないですよ。音也とはしょっちゅう意見がぶつかって、ケンカも多いので、まだまだ月先生に聞いてもらいたいことがたくさんあるのです。

月：ほう、コンサートを見ている限りでは、息がぴったりで、羨ましいくらいですけどね。

例えばどんなことでぶつかるのですか？

浅子：まず、結婚に対する考え方が違うのです。

私は早く結婚して子供を産み育てたいんですが、彼は、子供は欲しいけど、結婚はしたくない、というんですよ。

結婚は愛情に法律が加わるので、愛情だけで十分だというのです。なぜ、国に認められる必要があるのかと。

月：自由人の音也らしいな。彼は義務教育すら拒否して、小学校もまともに行かなかった奴ですからね。

彫刻家と画家のご両親の理解があったから、それでOKだったのですが。

小さい時から両親にがんじがらめにされて育った僕は、彼のことが羨ましかったですね。

僕が家出をしたのも、彼の存在が大きいんですよ。僕も彼みたいに自由に生きてみたかったんです。

それで死にそうな目に遭いましたけどね。でも、その死にそうになった時に力になってくれたのも、彼なんです。


浅子：はい、それは彼から聞いています。

月先生が暴走族の抗争に巻き込まれて、港の倉庫で血まみれになって倒れているのを見つけて、すぐに病院に運んだのですよね。

なぜその場所に居合わせたかは、今考えても不思議だったと、何か目に見えないものに導かれたとしか考えられないと言っていました。


月：僕の守護神のツクヨミノミコトが彼にメッセージを送ったんだと確信しています。

彼は信じませんがね。

彼はなぜか急に夜釣りに行きたくなり、港で糸を垂らしていたら、夜の暗い海に月が映っていて、綺麗だなあとそれを眺めていたそうです。すると突然月が僕の顔に変わって「助けて！」と叫ぶ声が聞こえたと。

僕は気を失っていたので、声なんか出せるはずはないのですが。

浅子：それで驚いてその声の聞こえた方向に走って行ったら、月先生が倒れていたんですね。あと少し遅かったら命がなかったかもしれなかったと。

月：はい、彼は命の恩人ですね。何もお返しできてないのが心苦しいです。

浅子：そんなことないです！　この病院の定期コンサートをはじめ、いろんな施設に彼を紹介してくださって、演奏活動を支えてくださっているじゃないですか。彼が今、ウクレレでなんとか生活できているのも、月先生のおかげだと言っていました。私も感謝しています。

月：彼のウクレレの演奏は本当に素晴らしいので、もっとたくさんの人に聴いてほしいのです。ご存知でしょうが、彼のウクレレは基音のラを432Hzで調律しているので、もともとヒーリング効果があり人気だったのですが、浅子さんの踊りとのコラボのおかげで、どんどん活動の幅が広がっていって、僕としても嬉しい限りです。だからずっとお二人仲良く暮らしていってほしいですね。

浅子：結婚にこだわる私がいけないんでしょうか。私、両親がちゃんと結婚していて、共に子供を育てる普通の家庭というのに憧れるんです。でも彼は、何が普通かなんて人によって違うから、形にこだわる必要はないって言うのです。それはそうなんでしょうけど。

月：なるほど。では、今回の宿題です。お互い今までの生まれ育ちの影響を受けた価値観で判断すると、主張は平行線のままか、どちらかが折れるという形になってしまいますよね。

それだとうまくいかなくなるので、過去の家庭環境は横に置いて、二人が心地よく暮らすために一番大事なことは何かを、子育ても視野に入れて、ゆっくり話し合ってみてくださいね。大切な一つに繋がっていれば、何があっても乗り越えて行けますよ。

A：正勝君、君がダイブするのはまだまだ先のようだね、残念だけど。

正勝：二人を結婚させるためにも、僕が先に生まれた方がいいかな。

A：えーっ、できちゃった婚てやつ?! 確信犯だね、君は。

正勝：授かり婚と言っていただけませんか？　子は宝ですよ。
　音也父さんの言い分もわかりますが、今回の子育てに関しては、法を利用した方がいいと思います。法律は縛るだけのものではなく、守ってもくれますから。

M：ちょっと、今回の迷路を見て。
最後だから、すごく入り組んでいて、高い壁も控えているでしょう。
彼女は今回子育てを通してたくさんの学びができるけど、大変なことも多いのよ。
守護神も私たちも全力で守るけど、社会的にも守られる必要があるわ。
音也さんに関しても、独身で背負うものがない時は、自分の好きなように生きればいいけれど、守るものができたら、そうばかりは言っていられないわね。親の魂として、背負うものはきちんと背負える頼もしい男に成長してほしいわ。でも私としては、小さくまとまっている男より、危険な香りのするアウトローが好みだけどね。うふふ。

A：まありんさんの好みはこの際どうでもいいです。とにかく今回二人は正勝君を授かって結婚するという設定になっているんですよね。

正勝：はい、僕がキューピッドですから。そして二人のサポーターでもあるんです。大事なお役目、しっかり果たしたいですね。

〜アメノウズメ　ラボにて〜

雨野：浅子さん、ダンスセラピーリーダー試験合格、おめでとう！ 短期間でよく合格できたわね。次はアソシエイト試験ね。

浅子：先生の的確なご指導のおかげです。それにどうしてもダンスセラピストの資格を取って、早く月先生の病院で働きたいんです。かつての私と同じように摂食障害で苦しむ人や、リストカットの常習犯のような人たちに、ダンスを通して生きる希望を与えることができたら、私の苦しみは無駄ではなかったと思えます。

雨野：そうね。浅子さんだからこそできる関わり方があるわね。
アソシエイトを取るには臨床経験がいるから、月先生の病院でお願いしましょう。
それと、今日は大事なことをお伝えしなければならないの。
実は、私のパートナーの猿彦さんのお父様が急にお亡くなりになって、一人っ子の彼が家の稼業を継ぐために、三重県に帰らなくてはならなくなったの。

浅子：えっ、猿彦先生のお父様がお亡くなりに⁈

雨野：それでこの際、私たち入籍して、私も彼と一緒に三重県に行くことに決めたの。
そこでもダンスセラピーはできるしね。

浅子：じゃあ、先生たち、ご結婚されたのですか？

雨野：三重県の田舎の古いお家だから、結婚しないと一緒に住むことはできないみたいで、取り急ぎ、入籍だけ済ませたの。

浅子：こんな時に不謹慎かもしれませんが、ご結婚おめでとうございます。

雨野：ありがとう。それで、このラボを来月で閉めようと思っているの。急でごめんなさいね。

浅子：そうなんですね。すごく残念ですが仕方ありませんよね。それにしても雨野先生、よく決断されましたね。このラボを始められてもう20年以上になりますよね。日本のダンスセラピーの先駆けですものね。

雨野：彼と一緒だったからできたことなの。私一人ではとうてい無理だったわ。

このラボは、二人で大切に育ててきた私たちの子供のようなものよ。

それに今まで彼に公私ともにたくさん支えられてきたから、今度は私が彼を支えていく番ね。新しい土地に不安はあるけど、彼と一緒ならがんばれると思うわ。

それに、どうも伊勢神宮の神様から呼ばれた気がしているの。

夢の中で　昔々、彼と二人で伊勢神宮で踊りを奉納していた映像をはっきりと見たの。

すごくわくわくして、起きてからもそれが脳裏からずっと離れなかった。

もし叶うことなら今世も伊勢神宮で踊らせていただけたらと、心から思っているの。

浅子：向こうでの新たな目標ができたわ。
私もその映像が浮かびます。きっと伊勢の神様がまた雨野先生と猿彦先生に踊ってもらいたがっているのですね。
それに、愛する人のために人生をリセットする覚悟を決められた先生を、心から尊敬します。すごくかっこいいです。

雨野：そんな大げさなことじゃなくて、腐れ縁で離れられないだけかもね。
あなたもウクレレの彼とのパートナーシップを大切にね。

浅子：はい、私も先生のように、彼と公私ともにずっと一緒に歩んでいきたいです。

雨野：セラピストとして、ダンサーとして、一人の女性として、ますます輝き続けてね。
二人でいつか三重県に遊びにいらしてね。

～音也の農園にて～

音也：おお、夏野菜がたわわに実ってる！　無肥料、無農薬だけど、麻茎の炭を土に梳(す)き込んでいるおかげで、土がどんどんパワフルになって来ている！

浅子：（収穫を手伝いながら）わあ、このズッキーニ、すごく大きく育ってるわ。ナスもつやつやして美味しそう。このトマトも、真っ赤に熟れてる。

音也：浅子、収穫するの手慣れてきたね。最初はすごく時間がかかっていたのに。

浅子：都会育ちだから収穫ハサミなんか使ったことなかったし、すべてが初体験だったもの。

音也：野菜を育てるっていいだろ。手塩にかければかけるほど、それに応えてくれて、期待を裏切らないし。時々収穫前に鳥や小動物に食べられてしまってがっかりすることもあるけど、自然との共存だからそういうこともあるよね。

浅子：土に触れるっていいわよね。大地から直接エネルギーをいただいて、私たちも野菜と同様、大地に生かされているんだと実感できるわ。大地の神様に感謝しなくちゃ。

空気もおいしいし、この農園はいつ来ても最高ね。

音也：今日はこれくらいにしておこう。今晩食べるには十分な量だね。

さあ、コテージに戻って夕食を作ろうか。

（夕食後、音也はソファでウクレレを奏でている。浅子は守護神ノートに、結婚について今日こそ真剣に話し合う決意と、それがうまくいくことについて書

いている。書き終えて音也のそばに座る）

浅子：ねえ、野菜を育てるのも素敵だけど、そろそろ私たちの子供を育ててみるのもいいんじゃない。

音也：うん、それも素敵だね。

浅子：雨野先生と猿彦先生、ご結婚されて三重県に住まわれるんですって。ご結婚はされないかと思っていたのに、急に事情が変わったみたい。

音也：ふうん。

浅子：私、お二人が入籍したってお聞きして、ちょっと羨ましく感じたわ。

音也：浅子は結婚願望が強いからね。俺はいつも言ってる通り、愛さえあれば、形にこだわる必要はないと思ってるよ。結婚してもしなくても、浅子をずっと愛し守っていく覚悟はあるし、既成の社会通念に合わせる必要なんかないと思うけど。

浅子：そうね。私も一番大事なのは、音也と一緒に生きていく、ということだから、結婚ありきではないの。二人だけなら今のままで十分だと思う。でも、子供のことを考えると、やっぱり今の日本ではちゃんと結婚して育てるのが一番だと思うの。

音也：そうかな。俺の両親も籍は入れてなくて、お互いの制作活動のために別居してるけど、仲は良いよ。それで俺が不自由したことも辛かったこともないしね。

浅子：でも……。

音也：それに、俺は今の晴耕雨読ならぬ、晴耕雨音の生活が気に入ってるんだ。晴れの日は農地を耕し、雨の日は音を奏でる。そばにはいつも浅子がいてくれるし、二人のコラボコンサートも定期的にできる場がある。結婚しなくても今のままで十分幸せなんだ。もちろん子供がいれば最高だけど、それは神様からの授かりものだから、天にお任せだよ。これ以上、何が必要なの？

浅子：音也って、結局自分のことばかりね。
私の不安や、子供のことなんか二の次なのね。
それにいつもあなたはご両親の話を出すけど、あなたの育った家庭は特別なのよ。
私は普通の家庭の話をしているの。

音也：何を怒っているの？　じゃあ聞くけど、いったいどんな家庭が普通なんだい？
籍を入れさえすればいいの？

浅子：浅子は踊っている時はすごく大胆で自由なのに、どうして結婚のことになるとそんなに保守的になるの？

音也：保守的ですって？
私は母子家庭に育ったから、普通の家庭にあこがれるのよ。私みたいには育ってほしくないだけなの。ちゃんとした家庭で育てたいの。

浅子：母子家庭になんかするわけないだろ！　俺を信じてないのかい?!
籍なんか入れなくても、二人でちゃんと育てられるさ。何が不安なんだい?!

音也：いろんなしがらみから自由でいたいのはよくわかるけど、その自由さが不安な時もあるの。特に家族ということに関して。

浅子：二人の間に愛と信頼関係があれば、結婚していようがしてまいが、関係ないと思うよ。浅子はそれが信じられないから、法で守られたいのかい？
俺は籍うんぬんより、浅子と繋がっていることの方が大事なんだ。なぜ制度にこだわる？

浅子：（ため息をついて）この問題はいつまでたっても平行線ね。
あなたは自分の意見を曲げない。話し合っても無駄ね。
（浅子、部屋を出ていこうとする）

音也：浅子！　待って！　じゃあこうしよう。子供ができたら、結婚しよう。紙切れ1枚のことで浅子が子供を安心して育てられるなら、俺はそれでもいいよ。

浅子：何それ。さっきまで既成の社会通念には従いたくない、とか言ってたのに。心からそう思ってるの？　大事なことなのよ。その場しのぎで言うのはやめて。

音也：その場しのぎなんかじゃないよ。俺は浅子の不安をなんとかしてあげたいと……。

浅子：もういいわ、この話は今日はおしまい。お休みなさい。

（浅子、リビングを出て、ベッドルームに行く。机に突っ伏して泣く）

ああ、やっぱりこの問題になると、私は感情的になって、音也とうまく話し合えない……。ノートでこのことについて何回も取り組んでいるのに、まだ着地点を見出せない。

音也を信じてないわけじゃないし、音也の言うこともわかる。紙切れ1枚より、二人の間の愛と信頼の方が大切だと、私もそう思う。でも、子育てのことを考えると、途端に不安になるわ。

私のインナーチャイルドがまだ癒やされていないのかしら。こんなに音也に愛されているのに……。

大好きな育ての父が家を出て行ったときの、あの絶望と悲しみが、シングルマザーになった母にかまってもらえなかった寂しさが、大人になった今もまだ、私の心の奥底に居座っているというの？　今はもうわだかまりはないはずなのに……。

でも、この漠たる不安がそこから来ているなら、しっかり向き合わないと、この先へ進めないわ。

アマテラス様、私が恐れを手放せて、安心の中で子育てをし、音也もハッピーであるには、どうあるべきですか。道をお示しください。

どうかお力をお貸しください。

（目をつぶり、呼吸を整え、心の奥底に入っていく）

A：男と女の考え方の違いに、育ちの違いも加わって、話は平行線ですね。
アマテラス様、どうされるかな。

正勝：ここは僕にお任せください。僕の両親のことなんですから。

M：そうね。まだアマテラス様が出るような場面ではないわね。
正勝君のお手並みを拝見しましょう。

正勝：ありがとうございます。では（正勝、リビングのテーブルに置いたままになっている浅子の守護神ノートを、光の矢で床に落とす）。

音也：ん？　何か落ちた？　ノート？

（床に落ちた守護神ノートを手に取る）

いつも浅子が書いているノートだ。何を書いているのか詳しく聞いたことなかったけど。

（正勝、一番新しいページを風を起こして開かせる）

「アマテラス様、私には父と母と3人で過ごした楽しい記憶がほとんどないから、子供にはそんな寂しい思いをさせたくないのです。

音也の自由で何ものにも縛られない生き方にあこがれ、私もそうありたいとは思うけれど、その自由さが、家族のことになると不安になるのです。

これは私の問題で、音也は全然悪くないのはわかっています。

彼の私への愛は本当に深くて大きくて熱いです。

きっと子供に対しても同じだと思います。

わかっているのに、それでもなお、家族の形にとらわれている、子育てを考えると漠とした不安を消すことのできない自分がいます。

過去のトラウマから今こそ自由になれますよう、私に光をお与えください。

本当に大切なものを見失うことがないように、私をお導きください。

私が心から喜びをもって、音也の理想の生き方をサポートできますように。

私と音也と、未来の子供が、愛と信頼に基づいた深い絆で結ばれ、どんな状況があっても離れ離れになりませんように、どうかお力をお貸しください。」

（ノートを手に立ちつくす）

浅子……。ごめん。君の不安をもっと受けとめてあげるべきだった。

俺と浅子は全然違う家庭環境で育っているのに、自分の生き方が君にとってもいいものなんだと、思い込んでいた。

なんて自分勝手な考えだったんだろう……。

（音也、ノートを手にしてベッドルームに行く）

浅子、大丈夫？　入ってもいいかな（ドアをノックする）。

（その時浅子は、意識の中の深い洞窟にいる。奥に進むと、小さな浅子が膝を

抱えて泣いている）

浅子：浅子ちゃん？　どうしたの？　なんで泣いてるの？

小さい浅子：……運動会も学芸会も、浅子はとってもがんばったのに、お母さんは仕事で一度も見に来てくれない。私、かけっこも速いし、踊りだって歌だって、得意なんだよ。

浅子：そう、お母さんに見てほしかったね、浅子ちゃんのがんばってる姿。

小さい浅子：それに、運動会の時なんか、みんなはお父さんとお母さんと一緒にお弁当を食べているのに、浅子はいつも先生たちか、近所のおばさんの家族と食べるの。
お母さん、お仕事忙しいってわかってるし、おばさんたちにも悪いから、にこにこして楽しそうに食べてる。でも、本当はちっとも楽しくなんかないの！　浅子はみんなみたいに、お父さんとお母さんと3人でお弁当が食べたいの！　一度でもいいから！

浅子：（小さい浅子を抱きしめて）寂しかったね、辛かったね！　運動会の時は特に悲しかったよね。お弁当の味がわからなかったものね。

小さい浅子：Aちゃんが、浅子ちゃんの家は普通じゃないから、って言ってたけど、なんで普通じゃないの？　なんでお父さんは帰ってこないの？　なんでお母さんは仕事ばかりで浅子を放っておくの？　浅子が悪い子だから？　もっといい子にしてたら、お父さんも帰ってきてくれて、お母さんも浅子のそばにいてくれる？

浅子：浅子ちゃん！　あなたが悪いのではないのよ。お母さんもお父さんも、浅子ちゃんのことが大好きなの。あなたはお母さんとお父さんのかけがえのない宝物なのよ。

お母さんはあなたと生きるために昼も夜も仕事をしているのだけど、忙しすぎて浅子ちゃんと一緒にいる時間が少なくて、いつも心の中では、あなたにごめんねって謝っているの。お母さんもあなたと同じでがんばり屋さんだから、許してあげてね。

お父さんだって、事情があって浅子ちゃんといられなくなったんだけど、いつだってあなたのことを忘れたことがないのよ。あなたはとっても愛されてるの、本当よ。

それに、アマテラス様だって、いつもあなたのそばにいるわ。辛い時は頼っていいのよ。

あなたは決して一人じゃないのよ。

小さい浅子：アマテラスさま……？

浅子：あなたの神様の名前よ。アマテラスオオミカミ。覚えておいてね。

(洞窟の外で、浅子、浅子、と呼ぶ声がする)

そして、大人になったあなたには、お母さんやお父さんに加えて、あなたのことを丸ごと、思いっきり愛してくれる、素敵な男の人がそばにいるの。きっとあなたも大好きになると思うわ、一緒に会いに行く？

(小さい浅子がうなずき、浅子と手をつないで洞窟の出口へと歩き出す。出口に近づくにつれ、眩しい光が二人を包み込む)

音也：浅子、入るよ。

(ドアが静かに開いて、浅子は瞑想から戻る)

さっきはごめん。君の言う通り、俺は自分のことしか考えていなかった。君の複雑な家庭環境を知っていたのに、家族に対する君の気持ちを本当にはわかってなかった。今の君からは想像もつかないけど、小さい浅子は、いつも独りぼっちで、どんなにか寂しくて、不安だったことだろう。こんなに浅子のことを愛おしく思ってるのに、そこに想いが至らない俺を情けなく思うよ。ごめんね、浅子。許してくれる？

浅子：音也……。

音也：このノート、悪いけど、少し読ませてもらった。

改めて、何が大事かわかったよ。

俺の一番の望みは、ずっと浅子とともに生きていくこと。

君の存在自体が俺の喜びなんだ。考え方の違いなんて、それに比べたらちっぽけなものさ。

浅子が籍を入れることで安心するなら、そうしよう。

俺は君のお父さんのように、君のもとを去ったりはしない。何があっても、ずっと浅子のそばにいるよ。そして浅子と一緒に子供を育てていきたい。


浅子：音也……ありがとう。その言葉を聞けて、本当に嬉しい。

もう、籍を入れるとか入れないとかにこだわらないわ。あなたとともに生きていけたらそれだけで十分。

私、あなたに出会って、こんなにも自由で、こんなにも自分に正直で、人にもまっすぐ向き合う男の人がいるんだ、って驚いたの。私の世界に大きな光が差し込んだ瞬間だった。

あなたといると、世界は愛に満ちていて、なんて美しいのかしらと心から思えるの。
自分の中からどんどん愛があふれてきてびっくりするくらいよ。このあふれる愛の流れを私たちの子供にも注いでいけたらいいわね。

音也：そうだね。俺はそばで浅子が笑ってくれたら、それだけで満足だけど、浅子がそれを望むなら、神様にお願いして、家族を作ろう。母親になった浅子はまた一段と魅力的だろうな。俺たちの子供には、宇宙級の愛を注いであげたいね。
（浅子を抱きしめてキスをする。そばにいた小さい浅子がとても嬉しそうに二人を見ている。そして光の中に消えていく）

M：良かった！　愛の周波数が恐れの周波数をはるかに上まわったわ。

正勝：絶好のチャンスが来ましたので、ダイブの準備にかかります。
（急に光の玉になり、キラキラ輝きだす）
それでは行ってまいります。成功をお祈りくださいね。
（シュッと浅子の子宮目がけて降下する。浅子の子宮が光り輝く）

A：おお、正勝君、ダイブ成功してよかったですね。

M：これからが大変だけどね。まあ彼は前世僧侶で修行を積んでるから、今回の設定でも耐えられると思うけど。彼のたっての願いだし。

A：彼、前世僧侶だったのですね。どうりで若いのに落ち着いた物腰だなあと感心していたんです。

M：その前の過去世で浅子さんに命を助けられたから、次の人生で僧侶になって修行を積んで、今回、満を持して、浅子さんに会いに行くわ。この大役を果たすために。

A：この大役って、どんな大役なんですか？

M：ネタバレになるけど、今回彼は障害があって生まれるの。そうすることで、みんなにとってハッピーな結果をもたらすのよ、彼の青写真ではね。

A：は？　障害があって生まれることが、ハッピーな結果になるんですか？　よくわかりませんね。本人も周りも苦労するのはわかりきっているじゃないですか。僕なら絶対いやですけどね。

M：障害があって生まれたり、子供の時に病気や災害で亡くなる魂は、霊格が高い魂なの。

正勝君のように、修行を積んでいたり、もう人間を卒業する手前の魂である場合が多いわ。
ある意味自分の人生を犠牲にしてまで、他に気づきを与える、稀有な魂なの。

A：そうなんですか？　子供が先に亡くなると、親は悲しすぎて、神も仏もあるものかって、恨むだけで、気づきなんかないと思いますけどね。

M：そう思うのも当然よね。嘆くばかりで気づかない親も多いから。

A：何に気づいたらＯＫなんですか。僕はそんな辛すぎる設定で何かに気づきたくないな。

M：安心しなさい。このゲームは上級者向けなのよ。あなたにはまだその設定は無理だから。そこに行くまでやることがたくさんあるわねえ。
この前なんか、彼女が浮気しただけで神を呪っていたものね。あなたがブーブー不満を言ってるの、全部聞こえてたわよ。ご先祖様の猪八戒が恥ずかしがっていたわ。

A：僕を何が何でも豚にしたいんですね、ブーブー。
でも豚が人間になることなんてあるんですかね。

M：逆よ。人間になるはずが豚になったの。
神様だった猪八戒は、女癖が悪過ぎて、地上に落とされてしまうのよ。

その時に人間の胎内に宿る予定だったのに、誤って雌豚の胎内に宿ってしまったの。

あなた、先ほど正勝君がダイブして、浅子さんの胎内に宿る瞬間を見たわよね。

普通は間違うことなんかないのに、なぜ豚の胎内に宿ってしまったのかしらねえ。

でもそのおかげで孫悟空や三蔵法師と旅できたから、結果オーライね。

それにしてもあなた、好色、食欲旺盛、楽天的、怠け者、おっちょこちょいという猪八戒の性質を、余すことなくすべて受け継いでいるわね。ある意味見事としか言いようがないわ。豚界のサラブレッドね。

A：猪八戒さ〜ん！　あなたの子孫がいじめられてますよ〜！　助けてくださ〜い！

M：とうとう猪八戒を先祖だと認めたわね。

安心して。紅の豚のポルコも、ハウルの城のソフィーも、実は魔法をかけたのは自分自身の潜在意識なの。だからそれを解くことができるのは自分自身ってわけ。

あなたも自分にかけている魔法を解くことができるのよ。

A：どうやって?!　教えてください！

M：簡単よ。このマントラを10回唱えてみて。
「飛べねえ豚は、ただの豚だ」

A：……まありんさん、その名セリフを言いたかっただけでしょ。期待した僕がバカでした。

M：あら、お気に召さない？
「飛んだところで所詮、豚は豚だぜ」の方が良かったかしら。これじゃあ身も蓋もないわよね。悲しすぎるわ。

A：……。あのう、真面目に魔法の解き方を教えてくれませんか。

M：ミルフィーユを思い出して。**表皮には真実はないの。本当のことは何層も奥に隠されているのよ。**つまり、豚はメタファーなのよ。
人はみな、この世界に生まれる時に、自分が本当は誰なのかを忘れる魔法をかけてくるの。
その結果、親や時代や社会の色に否応なく染まり、その要求にこたえることに忙しくて、立ち止まって自分の心と対話することなく、サバイバルゲームに汲々（きゅうきゅう）としていく。
ほとんどの人は、食べるため、日々の暮らしのために、自分の時間と肉体と心の大半を使い、知らぬ間に社会の奴隷になるの。これが人間が豚になるってことの意味よ（豚＝魔法をかけられた人間）。

A：そう言えば、映画「千と千尋の神隠し」の中でも、千尋のご両親が呪いをかけられて豚になっていたなあ。あーーっ、僕も先祖返りで豚になってしまったらどうしよう！

M：だから、それは見えかかりで、魂の部分では人間は神様と同根で、いつでも神様と繋がっているわ。**分離のゲームをしているだけで、実際は一度も神様とは切れたことがないの（人間＝神様と同根）**。あまりに近いと、本当の姿も、ありがたみもわからないものなの。あなたも一人暮らしをして初めて親のありがたみに気づいたでしょ。

A：はい、口答えばかりして申し訳なかったです。それに離れていても親と縁が切れたわけではないですものね。

M：そうよ。見えかかりは豚でも、本体である魂は神様と同じ光でできていて、どんなに遠く離れていても、人間と神様はその光で繋がっているの。

A：繋がっているわりには、僕の人生、パッとしないなあ。ブーブー。

M：当たり前だわ。あなた、神様と繋がってることを一度も思い出しもしないで、いつもブーブー文句言いながら生活してるでしょう。地下に宝が埋められているのに、知らないとスルーするのと同じこと。すごくもったいないわ。徳川の埋蔵金どころではないのよ。

A：えーっ！　そんなお宝がどこに埋まってるんですか?!　教えてくださいよ〜。

M：あなたの魂の中よ。いい加減、学習してね。**魂としてのあなたは永遠を生きていて、その中には尽きることのない叡智（＝宝）があるんだけど、残念なことに自分が魂だということをすっかり忘れているから、その叡智にアクセスできないの。**偽りの自己の豚の状態で、今世だけの限られた知識や経験値だけで勝負しているから、アクセスできずにアクセクするのよ。

A：あ、今うまいこと言いましたね。でもドヤ顔はやめてくださいね。アクセスできずにアクセクするって、まあまあな感じですから。

M：そんな憎まれ口叩いていたら、小説『蜘蛛の糸』のカンダタのように、細い細い光の糸が切れてしまうわよ。本当のドヤ顔はこれからよ。よく聞きなさい。**ミルフィーユのもっともっと奥には、人間は、実は神様そのものだった、という究極の真実が隠されているのよ！**

（水戸黄門の印籠を取り出し、歌舞伎の見得を切るように、見せつける）

A：（それを見て、ひれ伏しながら）へへーーっ！

M：この世に映し出されているのは、全部神様の投影なの。脚本神、監督神、主人公神、脇役神の、神芝居なのよ。言い換えれば、神のお遊びね。この迷路は神の遊び場よ。神様が宇宙を作ろうと思った時から、このゲームは始まっているのよ。法則神が無から有を作って、成長進化を楽しむゲーム。私たちもアバターとしてその壮大な神芝居の一部を担っているの。人間以外にも、星々だったり、風だったり、水だったりしたこともあるわ。

A：ということは、僕もまありんさんも、もとを正せば神様なんですか？　いくらなんでも、そこまでは言い過ぎでしょ。神様と同根まではなんとかついていけましたけど、神様そのものなんて、ぜーーったい信じられません！

M：そう？　思い出して。あなたの先祖の猪八戒は、もともと神様だったのよ。**神様が、このゲームを真剣に楽しむために、自分に魔法をかけてるの。**分身のアバターをたくさん作りだし、そのアバターたちに忘却の水を飲ませて、法則神だった時には経験できなかった、闇を含めたいろんな経験をし、ありとあらゆる感情を味わうために。
自分がかけたのだから、自分で解けるのよ。
自分が神様だということを、思い出せばいいのよ。

A：うーん、理屈としてはわかりますけど、じゃあ実際にどうしたら自分が神様だと思い出せるんですか。

M：何にでもステップがあると言ったでしょ。一足飛びには無理なの。

そりゃ僕だって神様だと思いたいですよ。

今のあなたに必要なのは、まずは自分が今、豚である、という事を自覚すること。前に言った蟻でもいいんだけど。

この偽りの自己（偽我）を否定したり、甘く見ないことね。神のかけた魔法は巧妙なの。

生まれ落ちて、気がついたらいつのまにか今の自分になっているから、無自覚すぎて、これが偽我だとなかなか思えないのよ。でもそれに気づかないと、そこから抜け出して、本当の自分（真我／神我）になりたいとは思わないわよね。

A：自分は今、豚で、環境の奴隷なんだと、しっかりと認識することが真我への第1ステップなんですね。

M：そうよ。すべては今の自分を知ることから始まるの。自分の奴隷っぷりに気づくのは辛いけれど、それは親や社会や土地柄が作り上げた偽の自分だから、深刻に落ち込まずに、その成り立ちを知ること。どうして今の自分ができあがったのか、立ち止まって考えてみることから始まるの。**あなたは自覚していないけど、たくさんの他人の考えでできているのよ。それは玉ねぎの皮のように、あなたを覆っているの。**

A：えーっ、僕は今まで、他人で作られた人生を歩んでいたのですか？　剥（む）いても剥いても、他人の皮なんて、虚しすぎます。せめて甘くておいしい淡路島の玉ねぎであってほしい……。

M：だから落ち込むことはないってば。それは、サバイバルゲームの初期設定だから、仕方のないことなの。みんなそうなんだから。

A：初期設定？

M：生まれ落ちたら誰かに頼らなければ生きていけない無力な赤ちゃんから始まるという、初期設定がされているの。

神は万能だから、真逆の設定をして楽しんでるのよ。ドSでしょう？

常に真実は真逆なのよ。あなたが「自分が神だなんて絶対あり得ない！」と叫ぶということは、その真逆が真実なのよ。ピンチはチャンスと言われているのもそういうことなの。

順風ばかりでは成長しないでしょ。逆風の中で人間は鍛えられ磨かれるの。試練の中に、洗脳を解くヒントが隠されているのよ。

A：そうは言っても、僕みたいな弱っちい人間は、逆風に飛ばされてすぐにバッドエンドですよ。

太陽と北風の物語、知ってます？　僕は暖かく包まれて、褒められて育つタイプなんです！

M：大丈夫。このゲームはレベル設定されていて、あなたのレベルは1だから、試練はそんなに厳しくないわ。見えない世界の助力をあおげば、すぐにゴールできるわ。

A：それを聞いて安心しました。洗脳から脱してゴールするにはどうしたらいいのですか。

M：あれも他人の考え、これも他人の考えだと気づいたら、どんどん執着なく手放していくのよ。今まで曲がりなりにも小さな自分を守ってくれたことに感謝しながらね。いわば、魂のストリップね。

A：まありんさん、また大胆なことを……。

でも自分の考えが他人や環境によって作られたものだと、どうやったらわかるのですか。どうしても、自分の考え＝自分だと思ってしまいます。

M：そうね。では、ここで質問！
あなた目玉焼きに何の調味料をかけて食べる？

A：そんなの決まってるじゃないですか、醤油ですよ。ほかに何があるっていうんですか。

M：あら、私はシンプルに塩コショウよ。ソースやケチャップやマヨネーズという人もいるわよ。

A：えーっ、そうなんですか。それはないなあ。

M：そんなに自信たっぷりに言ってるけど、それって誰の選択なの？　あなた？
小さいあなたが、目玉焼きを前にして、ありとあらゆる調味料から吟味した結果、醤油が一番おいしいと判断したわけ？

A：……うちはみんな醤油をかけて食べてました。ほかに選択肢はなかったです。

M：でしょ？　それを環境の奴隷というのよ。自分の考えじゃないのに、あたかもそれが当たり前で正しいと思い込んでいる。そしてマヨネーズをかけて食べる人を見てびっくりしたり、バカにしたり、批判までするのよ。夫婦喧嘩なんて、だいたいこういうところから始まるの。後学のために覚えときなさい。

A：身近な例をありがとうございます。こうやって人は作られていくのですね。でも、いちいちこれが誰の考えかと検証するのは大変ですね。

M：順調な時は何の問題もなく思えるけれど、試練がやってきたり、壁が立ちはだかって物事がうまくいかなくなった時は立ち止まって、これは誰の考え？　本当に自分が心から選択したことなの？　って自分に問うのよ。
さっきの例で言うと、奥さんが目玉焼きにジャムをかけて食卓に出した時、激怒してちゃぶ台をひっくり返す前に、ちょっと深呼吸をして、なぜ、自分は目玉焼きには醤油と決めつけてるんだろう、たまにはジャムだっていいはず、そしてなぜ奥さんは自分に聞くことなく、当たり前のようにジャムをかけたのだろう、と考えるのよ。奥さんのお母さんはジャム作り名人で、なんにでもジャムをかけてたりするのかも。アツアツのご飯とかにもね〜。

A：シュ、シュールすぎる例ですね……。

M：そのくらい、育った環境の影響は大きいってこと。幼少の頃からの刷り込みは無自覚だから、なかなか気づけない。だからそれをあぶり出してくれる相手が必要なの。**見えない自分のブラックボックスに気づかせてくれるのは、違った環境で育った他人なの。**だからたくさんのアバターがいるのよ。その脇役ももちろん神様だから、あなたの信念を揺るがす相手は特に、ありがた〜い存在なのよ。

A：わあ、それも真逆ですね。今まで人間関係で悩んだ時は、相手が悪いと思っていましたが、僕のブラックボックスに気づかせてくれるありがたい存在だったんですね。

M：メディアの洗脳も気がつかないうちにされてることが多いから、鵜呑みにしたり、踊らされないように注意しなくちゃね。社会の影響もバカにできないわ。でも奴隷は、自分の頭で考えたり、責任を取ったり、チャレンジしなくてもいいから、ある意味とっても楽な状態でもあるの。**口では変わりたいなんて言ってるけど、恐れや不安、怠惰な気持ちも相まって、思っている以上に奴隷状態から抜け出すのは難しいわ。**
心から、〝豚は嫌だ！　蟻のままは嫌だ！　早く人間になりたい！〟と思う必要があるわね。
心からそう思うようになるには、かなりな試練が必要なの。ぬるま湯から出るには、熱湯を入れるか、氷をぶち込むかのどちらかしかないでしょ。

A：ぶち込むって……。その乱暴な言葉遣いと、スナップの利いた手で人の頭をはたくのをやめたら、まありんさんもアマテラス様のような神様になれる日が来ると思いますよ。

～月読平先生カウンセリング室にて～

月：浅子さん、すごく嬉しそうですね。宿題はうまくいったみたいですね。

浅子：はい、音也と話し合う前に、心を整え、守護神ノートに本当に望む未来のヴィジョンを書きました。本心で語ることができたのにうまくいかなくて、そのヴィジョンを阻んでいる、自分の中にある不安や恐怖の根っこって何だろう、と自分の心を見つめなおしました。
そしたら、暗い洞窟の中で泣いている、小さな私がいました。もう何度も癒やしているのに、親にも感謝をしているのに、まだこんな自分がいたのだと驚きました。

月：インナーチャイルドは、何度も我慢強く癒やしていく必要がありますからね。

浅子：それをするのは大人の私の役目なんですが、今回は不思議なことがありました。ちょうど彼女と意識の洞窟を出た時に、音也の魂が迎えに来てくれたんです。音也の大きな光に包まれ、彼女だけじゃなく、私も心から癒やされ、安心しました。

そのあと彼、私と一緒にいることが何よりも大事だから、私が望むなら籍を入れてもいいって言ってくれたんですよ。今まで入籍なんて必要ないの一点張りでしたから、大きな変化です。とても嬉しかったです。

これもノートのおかげです。

月：ほう、あいつもついに覚悟を決めたか。心から浅子さんに惚れてるんですね。守護神ノートには赤ちゃんのことも書きましたか？

浅子：はい、それはもうしっかりお願いしました。だから焦らずに、神様にお任せします。

月：楽しみですね。

さて、今日は雨野先生の依頼もあり、浅子さんに僕のカウンセリングのお手伝いをしてもらいます。次のアソシエイトの資格を取るには、臨床経験が50時間以上必要なんですよね。

浅子：そうなんです。快くお引き受けくださってありがとうございます。一生懸命学ばせていただきますのでよろしくお願いいたします。患者さんたちに、身体を使ったアプローチを通して、少しでも心が楽になっていただけたら嬉しいです。

月：ではさっそく患者さんをお呼びしましょう。

彼女は中学3年生の女の子です。前の浅子さんのように、リストカットの常習犯です。

母親が再婚して、その新しい父親といろいろあるみたいですが、あまりしゃべらないので詳しいことはわからないのです。

僕のところに通い出したのは、ほんの1か月前からで、今日が3回目です。

(ノックの音)


月：どうぞお入りください。

(暗い表情の女の子がうつむき加減で入って来る)

こちら、蔵岡美穂さん。美穂さん、今日は思井浅子さんがアシスタントとして入っています。同じ女性だから、僕には言いづらいことも、浅子先生には言えるかもしれませんね。

浅子：はじめまして、浅子です。美穂ちゃん、と呼ばせてもらってもいいかしら。

美穂：……はい……。

浅子：私も実は美穂ちゃんくらいの年からリストカットをし始めて、月先生のカウンセリングで救われて、今ダンスセラピストを目指して頑張っているところなの。先生じゃなく、先輩として、何かお役に立てたら嬉しいわ。

美穂：……じゃあ、リストカットしてしまう私の気持ち、わかってくれますよね。

気がついたらいつの間にかやってしまって……。

周りはただ注目されたいためにやってるとか、死ぬ気もないのに家族に迷惑かけて喜んでいるとか、いろいろ言いますが、本当に死にたいんです！　この世から消えてしまいたいと本気で思っています。

今まで生きてて良かったことなんて何もないし、これからも生きていく意味がわかりません。親しい友達もいないから、私なんかいなくなったって、誰も悲しまないだろうし、その方が周りも……。

（急に浅子が美穂を抱きしめる。美穂が驚く。浅子の目からは涙があふれている）


浅子：美穂ちゃん、つらかったね……。

誰にも気持ちをわかってもらえずにいたのね。心が張り裂けそうだよね。

でも、お願いだから、お願いだから、私なんかいなくなったって、なんて言わないで。

美穂ちゃんは、存在しているだけで価値があるのよ！

唯一無二の、世界で一人だけの存在よ。

誰もあなたにとって代わることなんてできない。

今あなたがここに生きていることは、奇跡なの。

それに、美穂ちゃんが生きてくれてることで、嬉しい人もいるのよ。

美穂：そんなこと言われても、信じられません！

浅子：そうかしら？　あなたのお母さんがそうじゃない？

私の母も私が知らないだけで、そう思ってくれていたの。

そして私だって、美穂ちゃんが生きててくれてるから、こうして今日美穂ちゃんと出会えた。こんなに嬉しいことはないわ。

月：僕も、美穂さんが生きてていてくれてるおかげで、こうやって君と関わることができている。なんて光栄なことかと思うよ。

浅子：ほらね。

そして、周りの人たちだけじゃなく、実は見えない存在も含めて、愛されてるから美穂ちゃんはここにいるのよ。

ねえ、ちょっと胸に手を当ててみて。鼓動を感じられるでしょ？

美穂ちゃんが何もしなくても、生まれてからずっと、心臓は動き続けてるよね。

一日も、一瞬も休むことなく。

美穂：誰がこれを動かしてくれてると思う？

浅子：……。

美穂：私は、この奥に神様がいらっしゃって、美穂ちゃんを生かし、見守ってくれているんだと思う。

この鼓動は、神様の、美穂ちゃんに対するエールなの。

いつも、どんな時も、美穂ちゃんを愛してるよ、ここにいるよ、大丈夫だよって。

つらくなったらここに手を当てて深く呼吸して。

そして胸の奥にいる神様に美穂ちゃんの気持ちをぶつけてみて。

神様はちゃんと聞いて下さるわ。そして道を示してくださるのよ。助けてくれる人が必ず出てくるわ。あなたは無条件に愛される価値があるし、助けられる価値があるの。

美穂ちゃんは決して一人じゃないのよ。一人で抱え込まないで、助けて！って言っていいのよ。

（美穂が素直に胸に手を当て深呼吸する。美穂の守護霊が胸に光を送る）

美穂：……新しい……新しいお父さんが……お母さんのいないところで私の身体を触

ってくるんです。

もしそれをお母さんに告げ口したら、この家庭が大変なことになるぞって脅すんです。

お母さん、前のお父さんと離婚してから、苦労して私を育ててくれて、ようやく再婚できて幸せそうだから、そのことを口が裂けても言えなかった。

だから、ずっと我慢してきたんです。最初はリストカットしたら、お父さんがそういう事をやめてくれるかと思って……(泣く)。でもどんどんエスカレートするから、苦しくて、いっそ死ねば楽になれるかと……。毎日がつらかった……。


月：そんなことが……。よく打ち明けてくれましたね。本当に苦しかったですね。

美穂さん、もう一人で悩まなくていいですよ。みんなでこの問題に取り組みましょう。

これからは絶対に我慢しないでください。嫌なことにはNOと言っていいのですよ。

大人も未熟だから、間違ったことを平気でします。その犠牲になる必要はありません。

このことがお母さんにばれると大変なことになると思っているようですが、今の状態がすでに大変なことです。

そして美穂さんの犠牲の上に成り立つ家庭の平和なんて、平和でもなんでもありません。そんなものに何の意味もないですよ。

美穂さんがこれ以上苦しむことのないように、僕とお父さんとお母さんとで話し合ってみます。心配しないでください。


浅子：美穂ちゃん、一人でよく頑張ったね、今まで辛かったね……、勇気を出して告白してくれてありがとう。これから私も一緒に支えさせてね。

いつでも美穂ちゃんの味方よ。

あ、そうだ、良かったら来週の土曜日、この病院のセミナールームでウクレレとダンスの会をするのだけれど、来てみない？

いろんな人がいるし、音楽とダンスで気持ちが少し楽になるかもしれないわ。

胸の奥にいらっしゃる神様とも繋がれたらいいわね。

～ウクレレとダンスの会にて～

浅子：月先生、美穂ちゃん来てくれていますね。良かった。

月：あれからすぐに美穂さんのご両親と話し合いました。

何も知らなかった母親が、泣いて美穂さんに詫びたそうです。

父親も反省しているようですが、彼の闇は深そうなので、今後は彼のカウンセリングを続けて、様子を見て行こうと思っています。

浅子：少し希望が見えましたね。
美穂ちゃんの表情も明るくなっていますし、さすが月先生ですね。

月：浅子さんの役目が大きいですね。

浅子さん、あなたの苦しみが無駄ではありませんでしたね。

僕は、本当に嬉しいです。あなたに、あなたの今までのすべてに感謝します。


浅子：月先生……。ありがとうございます。

月先生のお導きで、守護神に繋がれたおかげです。

私も月先生の存在に深く感謝いたします。

月：今日は美穂ちゃんに限らず、浅子さんがカウンセリングで関わってくれた方たちもたくさん来られています。
上司にいじめられて鬱傾向にある会社員のAさんも来られていますし、小さい頃から医者になることを親に期待されて、ようやく医学部に入学できたとたんに無気力になって大学を休学しているB君も来てくれています。

浅子：わあ、嬉しいです。お誘いした時はあまり興味がなさそうだったのに。
それに、同性愛をカミングアウトしたことがきっかけで会社を辞めざるを得なくなったCさんも来られていますね。

月：みんな浅子さんのファンになってしまったのですよ。僕も今日のイベント、とても楽しみです。長くカウンセリングをしていますが、ダンスセラピーなんて初めてですから。

音也：浅子、では始めようか。

浅子：皆さん、本日はウクレレとダンスの会にお集まりいただきありがとうございます。今までは音也のウクレレ演奏と、それに合わせて私が踊るというコラボコンサートの形を取っていましたが、今回はコンサートではなく、月先生の精神科の治療の一環として、ダンスセラピーというものをさせていただきます。

つまり、皆さんが主人公のダンスイベントです。初めてのことなので戸惑うかもしれませんが、順を追ってゆっくりとやっていきますので、安心してください。

とにかく、身体と心が気持ちよく緩む感覚を味わってくださいね。

では、まずはストレッチからです（音也がウクレレでBGMを演奏をする）。首をゆっくり回しましょう。そして次は手首、そして足首をゆっくりと回してください。耳もまわしてください。肩甲骨もほぐしていきます。

膝を軽く曲げて軽く何回か屈伸してください。足の裏に意識を集中して、大地を感じましょう。足をどしどしと踏み鳴らしてください。はい結構です。それでは両足を肩幅に広げて、腕を前後にゆっくり振りましょう。ウクレレの音楽に合わせて、肩の力を抜いて、重力にお任せして、ぶらぶらと振ってください。

（初めは皆ぎこちないが、そのうち力が抜けてくる）

次に身体は正面に向けたまま、前後に振っていた腕を左右に振ってください。両腕の力を抜いて、自分がでんでん太鼓になった気分で、両腕を身体にまとわりつかせる感じで振ってください。気持ちよく、ゆらゆらさせてくださいね。

身体が緩んでどんどん気持ちよくなってきたら、自分の動きたいように手足を動かしてください。ウクレレの演奏に合わせて、自分なりのダンスを踊ってください。

（皆周りを見渡して、動こうとしない。浅子が見本を見せて、身体を自由に動かす。月先生がそれに続く）

外に注意を向けると、他の人の目が気になって踊れなくなるかもしれないから、内側に注意を向けてください。自分の身体にありがとう、って心の中で言いながら身体を動かしてみてください。

皆さんはこの身体が自分のものだと思っていますが、自分で作り出したものなど何一つありませんよね。この手も足も、髪の毛１本すら、神様とご両親から与えられたものです。

なんで神様かというと、ご両親自らが実験室にこもって作ったわけではないですからね。ご両親の愛と先祖代々から受け継がれたＤＮＡが基にはなっていますが、その設計図に基づいてあなたの身体を作ってくれたのは、神様としか言いようのない大いなる力だと思います。

神様が作ってくれた各パーツや、心臓や腎臓などの内臓にも感謝して、自分だけのありがとうダンスを踊ってください。カッコよく踊ろうとか、人に合わせようとかしないで、自分の身体に集中して、動きたいように動いてください。(少しずつ、踊り始める人が増える。音也のウクレレのテンポが上がる)
もし怒りや涙やゲップなどが出てきたら、抑えずに出るに任せてくださいね。叫びたくなったら叫んでください。大声で泣きたくなったら泣いてください。遠慮なんていりませんよ。

会社員A：××(上司の名前)のバカ野郎！！！　おまえの失敗を俺に押し付けるな!!
能力も器もないくせに、上司だからといって偉そうにするな〜〜!!

医学生：僕は本当は医者になんかなりたくなかったんだ〜!!
僕の気持ちも聞け〜!!　お爺ちゃんとお父さんが医者だからって、人の人生を勝手に決めるな〜!!

同性愛者：××(彼氏の名前)愛してるわ〜〜!!　アタシ、何か会社に迷惑かけたかしら?!
彼を愛することと仕事の能力に何の関係があるの?!　そんな会社、こっちから辞めてやる〜〜!!

美穂：(小さな声で)身体さん、私のために毎日一生懸命働いてくれているのに、傷つけてばかりいてごめんなさい。許してね、いつもありがとう。

浅子：美穂ちゃん、遠慮しないで。胸の奥にあるものを思いっきり吐き出して。

美穂：……（深呼吸して）エロおやじ〜〜！　お前なんか父親でもなんでもない！　気持ち悪い！　私に触るな〜〜！！！　私を見くびるな〜〜！！！

月：おお、これはすごい。初めて見る美穂ちゃんだな。

（ウクレレの演奏が次第にスローテンポになる）

浅子：かなりすっきりしましたね。

今度は上から白色に光り輝く光が降り注ぎ、自分の細胞内に光が浸透していくのを感じながらゆっくり踊ってください。

光のシャワーが身体を、細胞の一つひとつを浄化していきます。その気持ちよさを身体全体で表現してください。

そして、その光を両手で受け止めて、光のボールを作ってください。

大きさはバレーボールくらいがいいかと思います。うまくイメージできましたか？

日本語の〝あ〟という母音を発音して、その光のボールに入れ込んでください。あーーーと伸ばしながら、〝あ〟のエネルギーがボールの中にどんどん入っていくのをイメージしてください。

この〝あ〟のエネルギーは宇宙の始まりの音です。宇宙の創造神の愛の波動です。

ここからすべてが始まったのです。その〝あ〟のボールを頭のてっぺんから背骨に沿って、自分の身体の中を通過させてください。骨の一つ一つ、そのすき間にも光が浸透していくイメージで、尾てい骨まで降ろしてください。

どんな感じがしますか。それをゆっくり味わってみてください。

次に、あーーと言いながら踊ってみましょう。ゆっくりとくるくる回るのもいいですね。背骨に響かせるように発声してみましょう。

自分のネガティブな感情がすべて、〝あ〟という宇宙の高いバイブレーションで、洗い流されていくのを感じてください。自分の声が自分の細胞一つ一つを癒やしていくのを感じてください。

宇宙の始まりのエネルギーと一体になった気がしませんか？

自分の中にどんどん力が湧いてくるでしょう？

それでは、徐々に踊るのをやめてください。

私は今、手に光のボールを持っています。そのボールをみんなでパスして回していきましょう。今日の出会いにありがとう、という気持ちを込めてパスしていってくださいね。
子供に戻って楽しみながら、光のボールをリアルに感じてキャッチしてください。
（浅子が美穂にパスする。美穂はしっかりとキャッチしてありがとう、と言って、医学生にパスする。同じように、次々と回していく）

月：最後は僕で終わりかな。このボール、パスされるごとにどんどん光が強くなっていきましたね。みんなの愛がいっぱい詰まっていますね。これはどうすればいいのかな。

浅子：私たちを生かしてくれている地球にプレゼントしましょう。

月：それはいい考えですね。（ボールを下に置いて地面に入れ込む動作をする）地球さん、いつも僕たちを支えてくれ、生かしてくれてありがとう。愛しています。

浅子：それでは、最後にみんなで大笑いをして締めくくりたいと思います。今の皆さんなら、大声で笑うことに躊躇（ちゅうちょ）はありませんよね。笑いは一気に波動を上げます。また、笑いは祓いにも通じていて、邪気を飛ばしてくれます。お笑い神事というのもあるくらいです。岩戸隠れされたアマテラス様を岩戸から引き出したのも、神様たちの笑い声でした。
さあ、深く呼吸して、丹田（おへそから指3本下くらいのところ）を意識して、そこにエネルギーをためて、一気に笑いで爆発させましょう。
よく、おなかから声を出す、と言いますよね。面白いことを思い出したり、今は可笑しくなくても形だけでもいいので、大きな声で笑ってみましょう。

みんな：（はじめは遠慮がちに、だんだん大声で）あははは！　わははは！

浅子：その調子です！　どんどん、もっともっと！　わっはっは～～！

美穂：初めは作り笑いだったのに、笑えば笑うほど可笑しくなってきた！　あははは～～！　ほんとに楽しい！

浅子：脳は作り笑いと本当の笑いを区別しないみたいです。
幸せだから笑うのではなく、笑うから幸せになるのです。笑う門には福来るとはよく言ったものですね。笑うと幸せホルモンのセロトニンが分泌され、ストレスホルモンが減り、免疫力もあがるそうですよ。脳の血流が増加して、脳も活性化されますし、若返るかもしれません。

音也：こんなに笑ったのは久しぶりだなあ。子供にかえったようで、楽しかったなあ。

浅子：皆さん、初めてなのに、ちゃんと体感ができていて素晴らしかったです。抑えていた感情の解放や、深い気づきも起こりましたね。怒りを表現することは、決して悪いことではないのです。そして、大きな声でおなかから笑うこともたまにしてみてくださいね。
今日は１回目なので、基本的なワークになりましたが、次回はそれをさらに進めて、さらなる浄化と解放、そして自分の神様と繋がるダンスセラピーをしていきたいと思います。

医学生：初めてのことでどうなることかと思ったけど、すごく気持ちよかったです。声に出したり踊ったりしながら、はっきりと決めました。僕はもう、人の決めた路線を歩くのはやめる。自分の気持ちに忠実になって、親の言うなりではなく、自分で人生のかじ取りをしていきます。
そして、大声で笑うのがこんなに気持ちいいとは知りませんでした。とてもすっきりしました。

同性愛者：踊って改めて気づかされたんだけど、この世界は愛に満ちているのね。神様はすべてに平等に愛を降り注いでくれているわ。女とか男とか、人を愛するのにそんな区別は関係ないわ。アタシが愛した人がたまたま男性だっただけのこと。人の視線なんか気にしないで、アタシは自分の愛する人をこれからも堂々と愛していくわ。そしてもっと笑って生きていくわ！

会社員：上司がどうとか、出世がどうとか、そんなことはもうどうでもよくなりました。

それよりももっと大事なことに目を向け、本当に果たしたい人生の仕事に取り組んでいきます。

「あー」と言いながら踊っていたら、田舎にいる両親の顔が思い浮かびました。ずいぶんと会っていないので、久しぶりに会いに行こうと思います。そして自分の笑顔を見せたいし、なにより両親の笑顔を見たいですね。

美穂：踊っていたら、小さな自分が出てきて、私が悪い子だからお父さんとお母さんが離婚してしまったと泣いていました。私は、そんなことないよ、あなたは全然悪くない、大人の事情で別れるのよ、って抱きしめてあげました。

私、この思いが今回のことを引き寄せてしまったんだということに気づいたんです。

悪い子だから、自分は罰せられて当然なんだと。

子供ってなんて健気なんでしょうね。その子を抱きしめながら、一緒に踊ってたんです。そして神様の光のシャワーを浴びたとたん、それでいいの、もう大丈夫、って声が聞こえたんです。浅子先生かと思ったら、そうじゃありませんでした。

するると、今まで泣いていた小さな自分がニコニコ笑って、キラキラした光になって私の胸の中に溶けていったのです。

こんな不思議な経験は生まれて初めてです。

月：美穂ちゃん、素晴らしい体験をしましたね。僕のカウンセリングより、ずっと役に立つなあ（笑う）。一人で解決してしまうとは、あっぱれだね。

浅子：一人じゃないですね、きっと。目には見えないけど、美穂ちゃんの守護神様が関わられていますね。

踊っていて、身体の感覚に集中していると、マインドが静かになるから、守護神の声をキャッチしやすくなるのです。ダンスのいいところはそこなんです。

月：そうですね。ぜひもっと多くの患者さんに体験してほしいものですね。

A：皆さん初めてのダンスセラピーにしては、かなりの解放と気づきがあったみたいですね。特に美穂ちゃんは、踊りながら自分のインナーチャイルドまで癒やしていましたよね。

M：ダンスは動の瞑想なのよ。じっとしているのが苦手なあなたみたいな人には最適ね。

守護神と繋がるには、瞑想が欠かせないんだけれど、もともと座禅のようにずっと座ってする瞑想は、インドの暑い気候が生んだものなのよ。

インドで日中にダンスなんかしたら、熱中症になってしまうから。

A：だからいつも仏陀は木陰で瞑想をしているのですね。踊っている仏陀のイメージゼロですもんね。

M：頭の中でうるさくしゃべっているエゴの声から遠ざかり、自分の心の奥深くの静寂を味わうには、静かなところに座って、呼吸に意識を合わせて瞑想するのが王道ね。でも、肉体の動きや音に集中することで、邪念から遠ざかる方法もあるの。

日本では、古代から踊ったり歌ったりして神や先祖に祈ったし、皇室には鈴振り瞑想というのがあって、大嘗祭や新嘗祭などの大事な儀式では、天皇が巫女たちの鈴や祝詞とともに御魂振り（みたまふり）の動作をずっと続けるのよ。

音の振動と、言霊の振動と、身体の振動の相乗効果で、細胞内の原子核の周りを回っている電子の回転数が上がり、周波数が高まるのね。

高次の光のエネルギーに近づいていくわ。同じ周波数の波が重なると、振幅が急激に増大するの。これを共鳴というわ。
するとと脳波がシータデルタ波に変わって、守護神と同調しやすくなるの。
聖地と呼ばれるところは、場の周波数自体が高いから、それが起こりやすいのよ。

A：浅子さんがみんなに、〝あ〟と言いながら踊ってください、と言ってたじゃないですか。
あれは何ですか。

M：**〝あいうえお〟という母音は、宇宙の響きなの。**
それを発することで宇宙と同調できるのよ。特に〝あ〟は宇宙の始まりの言葉で、そこから宇宙が展開していったから、その一音にすべてが包み込まれているの。
それに〝あ〟は身体と心をリラックスさせる力もあるから、緊張してきたら、〝(は)あ〜〜〜〟って長くため息を吐けば、緊張はほぐれるわよ。

A：僕の場合は同じ〝あ〟でも、失敗した時の〝あーーーーっ！！！〟が多いんですけど。
つまり、英語で言うところの〝オーマイガッ！〟なんですけど。

M：黙ってるよりはマシね。声を出すことでショックを和らげているのよ。

あなたは人一倍失敗から学ぶ人生を設定しているみたいだけど、エジソンもダイソンも、電球や掃除機ができるまで、何百回と失敗してるから、くさる必要はないわ。成功している人はみんな失敗の達人なの。成功するまでチャレンジし続けるから。

A：あ、僕は太鼓の達人でもあります（ドヤ顔）。

M：（スルーして）それに、失敗するたびに、宇宙と〝あ〟音で繋がれるんだから、少しずつ進化してるんじゃないの。

でも〝オーマイガッ！〟は子音で終わるから、やめといた方がいいわね。子音は音が締まるから、宇宙と共鳴できないの。

それに神様だって、失敗するたびに自分の名前が呼ばれるのはいい気がしないだろうし。

すべての音が母音で終わる日本語は、世界に類を見ない、本当に素晴らしい言語なのよ。

古代の日本人は言葉を、言霊(ことだま)と呼んで、大切に扱っていたの。一音一音に神様の思念、意識が宿ると信じていたわ。**意識の意は、音に心と書くでしょう。ただ漠然と発するだけではだめなの。音の心を感じて、そこに宿る神の意識と同調する**

気持ちで発するのよ。音を感じると、魂に響いて自分の中の宇宙が動き出すの。自分の中にある無限を体験することができるわ。**究極には音と同化して、自分という意識がなくなるのよ。**

今の日本人には難しいことだけれど、浅子さんならやれると思うわ。

彼女は静と動の瞑想の両方を毎日することで、どんどんクリアになってきているし、自分の心の声と身体の声をしっかり聴くことができているわ。だから、守護神とも繋がれてきているの。感謝と祈りをいつも忘れないし、いよいよ大きな試練に立ち向かう準備が整ってきたわ。

～浅子の寝室～

浅子：アマテラス様、今日も様々な出会いや出来事と共に、無事に1日を終えることができました。

私をお守りいただきありがとうございました。

今日1日に注がれた光と助力に感謝いたします。

眠りの中で体力を回復し、心と身体を癒やすことができますように、私に安らかな眠りをお与えください。
そして、私がもっと成長し、貢献できるために、知っておくことがあれば、夢の中でお知らせください。よろしくお願いします。

（ベッドの横にあるテーブルに紙とペンを置いて眠りに就く。夢の中で大きな光の柱が現れる。その柱を、女神のイザナミノミコトが右に回り、男神のイザナギノミコトが続いて左に回る。お互いが出会ったところで、先にイザナミノミコトが声をかける）

イザナミ：素敵な男性に巡り合えて、とても嬉しいわ。

イザナギ：私も嬉しいよ、美しい乙女よ。

（二人が柱の周りを回りながら、子供を作る。しかしその子供はぐにゃぐにゃとして足が立たなかったので、もう一度順番を変えてやり直す）

イザナギ：（柱を左に回り）ああなんて素晴らしいことだ。美しい乙女に出会った。

イザナミ：（柱を右に回り）なんて嬉しいことかしら、素敵な男性に出会ったわ。

イザナギ：あかはなま　いきひにみうく　ふぬむえけ　へねめおこほの

イザナミ：もとろそよ　をてれせゑつる　すゆんちり　しいたらさやわ

（浅子の身体の上に見たこともない文字が降って来る。一文字ずつが光り輝いている）


浅子：わあ、きれい！　初めて見た文字だけど、なぜか知っている気がするわ。日本の古代文字かしら。どれもが振動して光っている。文字が楽しげに踊っているわ。

48文字が、螺旋を描いて私の身体に入って来る。なんて気持ちがいい波動なの。細胞が新しくなっていくみたい……。

あ、私のお腹が光り輝いている！　かぐや姫に出てくる竹のようだわ。もしかして、赤ちゃん?!　先ほどの神様も柱を回りながら一つになっていたわ。ついに、授かったのかしら！

（あかはなま〜しいたらさやわの48音が響き渡る。浅子、目が覚める）


浅子：（すぐにメモにその48音を書きとめながら）アマテラス様、これを知る必要があったのですね。ありがとうございます。

そして、私、もしかして、妊娠しているのでしょうか……。

それならとても嬉しいです！

あわのうた（ヲシテ文字と構造図）

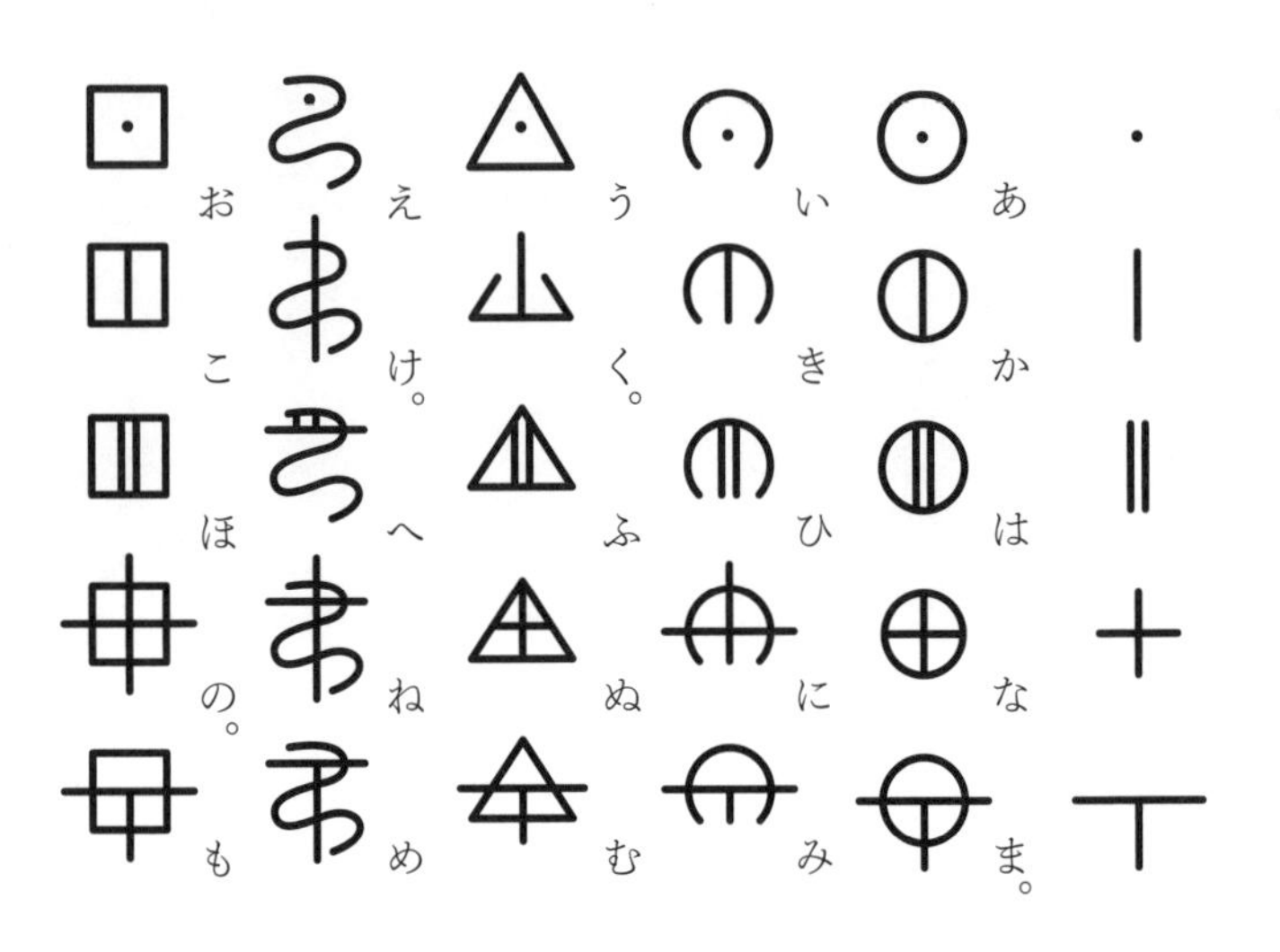

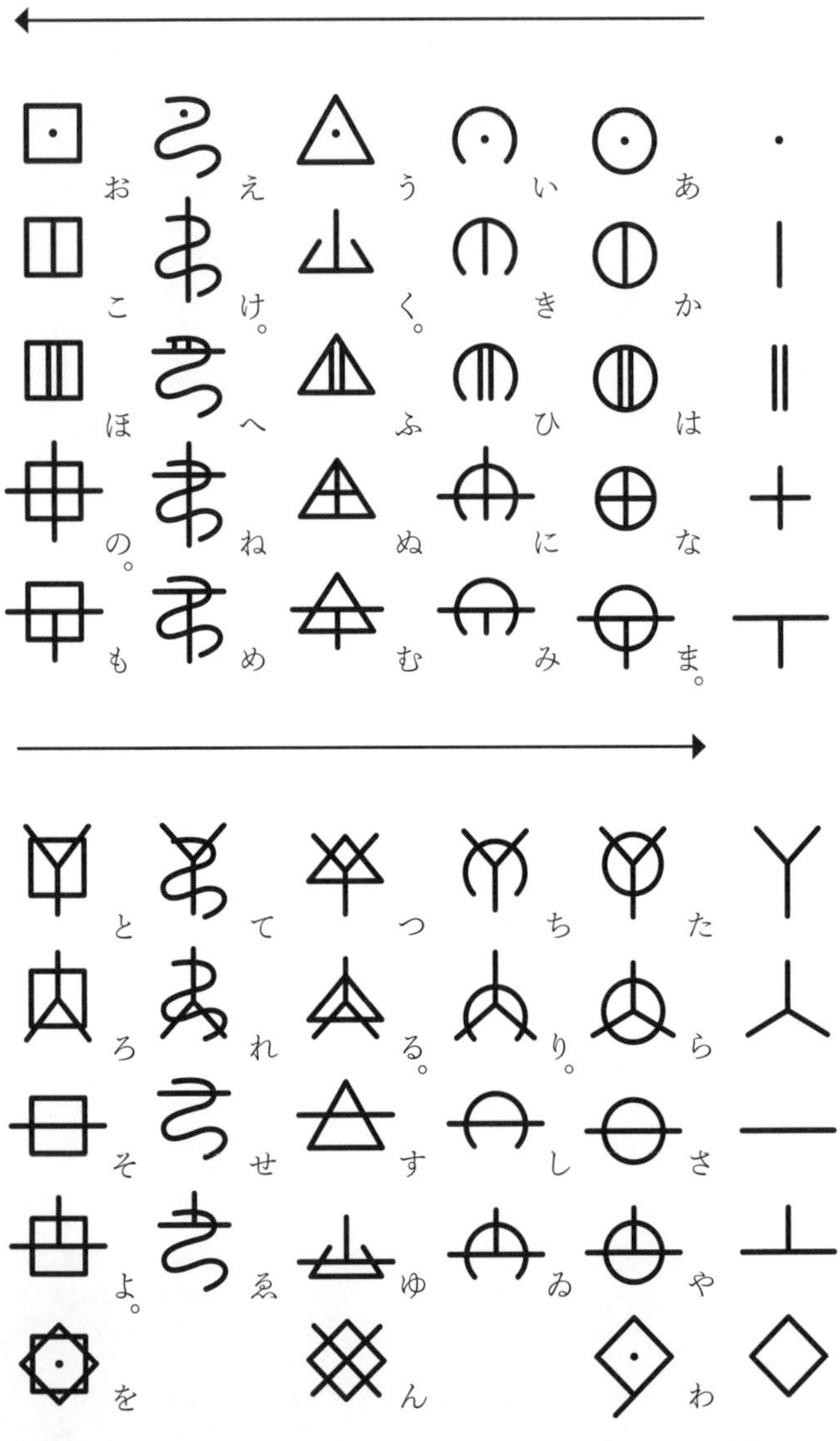

と　て　つ　ち　た
ろ　れ　る。　り。　ら
そ　せ　す　し　さ
よ。　ゑ　ゆ　ゐ　や
を　ん　わ

『[神代文字] 言霊治癒のしくみ』（ヒカルランド）より

（アマテラスが横でニコニコ笑っている）

〜音也の農園にて〜

浅子：音也〜〜!!　嬉しい報告があるの！
音也：どうしたの、今まで見た中で一番嬉しそうだよ。
浅子：当ててみて！
音也：……もしかして……赤ちゃん?!
浅子：そうよ！　あたり!!　さすが音也ね。
音也：わあ、すごいよ浅子！　よくやった！
（浅子を抱きしめて）
浅子、ありがとう。こんな嬉しいことはないよ。今どのくらいなの？
浅子：妊娠7週目に入ったところだって。
音也：そうか、身体大事にしないと。踊りは控えた方がいいね。
浅子：ええ、安定期に入るまではね。ダンスセラピーだけ続けるつもり。
夢の中でアマテラス様にすごいヒントをいただいたの！　早くそれを試したい

わ。


音也：ダンスセラピー、あれからすごく評判で、どんどん参加者が増えてるからね。

ねえ、ちょっと待ってて。

（野に咲いているマーガレットを摘んで来る）

（花束を差し出し）……浅子、俺と結婚してください。

君と子供を２００％の力で守るよ。約束する。


浅子：（花束を受け取って）わあ、嬉しい！　ありがとう、音也。

私もこれまで以上に音也と子供に愛を注いでいきます。これからもずっとよろしくお願いします。

（二人抱き合ってキスをする。そのあと音也が浅子のお腹に手を当てる）


音也：ここに、俺たちの赤ちゃんがいるんだね。神様、生命をありがとう！

赤ちゃん、俺たちのところに来てくれて、ありがとう！

（天空でスサノオノミコトとアマテラスとイザナギ、イザナミのお祝いの乱舞が始まる。

それが龍と鳳凰の形の雲となって空に現れる）

浅子：わあ、空を見て。すごい雲だわ！　きっと私たちの守護神たちがおめでとうって言ってくださっているのよ！

守護神様、ありがとうございます！　皆さんのご助力のおかげです！

お礼に、先日夢で見た古代文字の48音を、感謝を込めて踊らせていただきます。

音也、ちょっとウクレレでメロディーをつけてみて。

（浅子がまず48音の1音ずつを音を伸ばし、母音を響かせながら唄う。そのあと音也が即興で音をつけ、それに合わせて浅子が48音を歌いながら踊る。天からも地からも光が差し込み、光の柱ができる）

音也：なんかこれ、すごくない？　鳥肌ものだよ。
俺の農地も野菜たちも喜んでいるようだ。

浅子：私の身体も心も喜んでいるのがわかるわ。

言葉一つ一つが身体の隅々に光の水のように浸透して、栄養を運んでくれているみたい。すごく身体が軽くなって、すっきりしたわ。これならつわりも乗り越えられそう。

調べてみたら、この48音は、アマテラス様のお父様とお母様が作られた歌で、〝あわのうた〟（232ページ参照）というものですって。

音也：へえ、神様が作詞したの？　それはすごい歌だね。

俺はそれに曲をつけたんだね、光栄だなあ。

浅子もすごく神々しかったよ。これ、次のダンスセラピーでぜひやってみよう。

(天空で、イザナギとイザナミが抱き合って喜んでいる)

~病院のダンスセラピーの部屋で~

浅子：今日は特別な歌をご紹介します。それを一緒に唄いながら、皆さんの神様に繋がるセラピーをしてみようと思います。

私たちは日ごろ目の前の雑事に追われて、なかなか目に見えない神様の次元に思いを馳せることが難しいですよね。

でも、皆さんお一人お一人に専属の神様がちゃんといらして、皆さんを陰ながらサポートしたり、導いてくれていると考えてみてはどうでしょう。すごく心強く感じますし、その方が人生楽しくないですか。

そして、自分自神という内なる神ともしっかりと繋がることができる、魔法の歌をご紹介します。

イザナギ、イザナミの神様が作られた、〝あわのうた〟というものです。

古事記、日本書紀よりも古い、ホツマツタヱという古文書に載っている歌で、〝あ〟は天を、〝わ〟は地を表しています。
〝あ〟で始まり、〝わ〟で終わる48音をゆっくり歌うことで、言葉、身体、心、土地のエネルギーまで整うとされています。なぜなら、1音1音には神が宿っていて、この48音神によって心身が成り立っていると言われているからです。
ではさっそく〝あ〟から〝わ〟までの48音を母音を伸ばしながら、一緒に発声していきましょう。丹田を意識して、そこから声を出す感じで発声してください。頭をなくすイメージで、身体全体で響きを感じてください。

（参加者全員が48音を発声していく。徐々にみんなの顔が上気してくる）

参加者Ａ：これだけで汗ばんできたから、身体がとても熱くなってきました。48音の力ってすごいですね！　本当に神様が宿っているようです。

参加者Ｂ：一音ずつ長く発声すると、呼吸が深くなって、自然と腹式呼吸ができています。なんだか細胞一つ一つがプチプチと喜んでいる感じがします。

音也：この48音に、楽しく踊れる曲をつけてみましたので、ちょっと聴いてみてください。

（ウクレレで音也自身が唄う）

参加者C：すごく楽しく覚えやすい曲ですね。子供が喜びそうです。聴いているだけでワクワクしてきます。

音也：この曲に合わせて、浅子が今からフラで踊ります。

浅子：この48音は、ヲシテ文字という古代文字で書かれているのですが、その文字を見ていると、踊っているみたいだったので、それにヒントを得て、振り付けを考えました。

（音也のウクレレで、浅子が唄いながら踊る）

参加者全員：（拍手）素晴らしい！

浅子：ありがとうございます。では、今度は皆さんの番です。いつものように、人のことは気にせず、内側に集中して、音楽に身を委ねて、身体が自然に動くに任せてみてください。口角を上げて、にこやかに踊ってくださいね。

（浅子の歌と音也のウクレレでみんなが踊り出す）

参加者D：踊れば踊るほど身体中に力がみなぎってきます。もう年だと思っていたけど、もっと頑張れる気がしてきました。

参加者E：わけもなく嬉しくなってきて、笑いがこぼれます。今までウジウジ悩んでいたことが、どうでもよくなってきました。

参加者Ｆ：俺も、会社でいじめてきた奴に、どうやって復讐しようかと考えていたのに、踊っていたらなんだかバカバカしくなってきました。

浅子：皆さんの身体も心もとても喜んでいるのがよくわかります。

どんどん光り輝いてきています。まぶしいくらいです。

では、いよいよ、自分の守護神と繋がるダンスをします。

まず、自分の身体から頭を無くすイメージをしてください。

そしてハートの扉を全開にして、そこに自分の守護神を呼びだしてください。

守護神は天上の世界にいらっしゃって私たちを見守ってくださっていますが、お呼びすると、私たちのハートに入ってこられます。

だから、頭を無にして、ハートに集中するのです。

そのハートを綺麗にするために、プラーナ管の浄化が必要になります。

背骨に光の剣が入っているとイメージしてください。

それが白い光を放って全身の細胞をきれいにしていると思いながら踊ってください。

今回は、あわのうたを唄いながら踊っていただきます。

さあ、皆さんの守護神を呼びだしてください。名前がわからなくてもかまいません。とにかく、守護神と繋がりたい！　と強く意図して、それを信じてハートの扉を開いてください。
では、楽しみましょう！
（音也がウクレレを鳴らす。浅子がアマテラスと繋がることを意図して、あわのうたを唄いながら踊り出す。みんなもそれに続く）

M：アマテラス様、浅子さんのハートに飛び込む準備万端だわ。たくさんの守護神が同じように準備しているわ。初めて呼ばれた神様がほとんどだから、みんな張り切っているわね。

A：あっ、月先生のところに、すごく神秘的でかっこいい神様が行かれました！　ビジュアル系ロックバンドのボーカルのようでもあり、巫女さんのようでもあり。髪の毛長いけど、男性ですよね。

M：今まで何度も話に出てきたツクヨミノミコトよ。男性でもあり、女性でもあり、ってとこかしら。女性の魂を持った男性神ね。

A：つまり、おネエってことですかね。

M：私の憧れのツクヨミ様になんてことを！（ピシャリとAの頭をはたく）

A：痛っ！　第4章に及んでまで頭をはたくとは……。

じゃあ、美輪明宏さんみたいな、って言い直しますよ。

M：若い頃のね。いずれにしても、男にしては美しすぎるわ。

ああ目の保養になるわ〜（うっとり）。

A：まありんさん、目つきがホストに入れ込んでるマダムみたいになっていますよ。

（まありんがまた頭をはたこうとするが、今度はAがかわす）

ふふん、僕だっていつまでも蟻のままじゃないですからね。

浅子さんの物語と共に僕も進化してるんですから。

M：私のスナップをかわしたくらいで進化とか言わないの。

ちょっと見て。みんなの背骨が光ってとても美しいわ。

あわのうたの48音の言霊の力で、踊る前にはみんなの胸にびっしりとこびりついていた鱗のようなものが、ボロボロとはがれ落ちていっているわ。

A：あれ、浅子さんが何も言ってないのに、みんな笑い出しましたね。

M：波動が上がっている証拠よ。魂が嬉しくてしょうがないの。

そして笑うとさらに波動が上がるから、光のスパイラルができてどんどん上がり続けるわ。

A：さあ、もう守護神と一体になる準備ができたみたいね。いよいよ本番ね。

M：みんなのおでこが光り出しましたよ。なんじゃこりゃ〜〜!! 身体が半透明になってきた！ みんな、蟻でも豚でもなく、クラゲだったのかあ〜?!

A：見て！ アマテラス様が浅子さんのハートに入られ、そこから顔を出されたわ。わあ、眩しい!! これこそ、天の岩戸開きね！

M：あっ、アマテラス様が鏡を持っている。あれは、以前に浅子さんにプレセントされた鏡だ。レーザービームのようにものすごい光を放っている。あれ、みんなの守護神様も鏡を持っている。その鏡にアマテラス様の光が反射して、同じように光り始めた！

A：みんなのハートにある鏡がレーザー光線のように反射し合って、光のネットワークのようになっているわ。フラの大会での時のように。あの時は勾玉のグリーンの光だったけれど、これは宇宙の根源の光を反射しているから、パワーが全然違うわね。

みんなが宇宙神の光を宿して、圧倒的に美しく輝いている。
これが、カガミからガを取ったみんなの本来の姿なのよ！
ありのままとは、この姿のことを言うのよ！

A：カガミからガ（我）を取ると、カミですね！
本当はみんな神様なのですね！

M：そして、私たちは同じ一つの大いなる光によって生かされ輝いているから、根は一つなのよ。
みんな違ってみんないいけど、存在の根っこにおいて、差はないのよ。

A：そこからは僕に言わせてください。差がないことに気づくと、みんなの中にあった差別意識が取れるから、これが〝差とり〟なんですよね！

M：なんなの、そのドヤ顔。カガミからガを取ったらカミと同じくらい有名な話よ、それ。
聞いて損したわ。

A：そこまで言います？　じゃあ、まありんさん、それ以上のことを何か言ってみてくださいよ。

M：聞きたい？　私は人間だった時、努力しないでも、ありのままだったわ。

A：人間の時から、自分は、本当は神だと知っていたのですか？

M：過去世でアメリカ人だった時に、息子が一人いてね。名前がアーリーというのよ。
みんなからはよく〝アーリーのママ〟って呼ばれていたわ。

A：……。

それこそ聞いて損しましたよ。

あ〜、もう、守護霊になってもこのレベルか〜。守護神への道のりは遠いな〜。


浅子：それでは、踊るのをやめてください。

床に仰向けになって寝てください。

目を閉じて深く呼吸しながら、自分のハートに意識を集中してください。そしてその中にいる守護神様と対話してみてください。

質問があれば、聞いてみてください。

今すぐにはっきりとしたお返事がなくても、あとで夢の中や、思いもよらない形で答えがやってくる場合があります。

日常生活の中でのサインを見落とさないでください。

また、見落とすことのないように、ちゃんとわかるように教えてください、とお願いしてくださいね。

（たくさんの人が泣いている。恍惚（こうこつ）とした表情になっている人もいる。浅子も静かに座り、目を閉じる。すると、アマテラス様の眩しい光が、突然ブルーに変わる）


浅子：これは？　守護神様と対話するときはいつも白く光り輝くエネルギーを感じるのに、ブルーは初めてだわ。

あなたはどなたですか。

（ブルーの光が聖母マリアの姿に変わる）
マ、マリア様！　マリア様がなぜ？　私が妊娠しているからですか。
（マリア様がにっこり微笑み、優しいブルーの光で浅子を包み込む。浅子、静かに涙する）

ありがとうございます。こんなに愛されて祝福されて、私は本当に幸せです。

足元にも及びませんが、私もマリア様のような母になりたいと思います。

〜産院にて〜

音也：浅子、がんばれ～、もう少しだよ、もう頭が見えて来たよ！

浅子：音也、歌って。あわのうたで赤ちゃんをこの世に迎えてあげて。

音也：よし、わかった！　心を込めて祝福の歌を唄うよ。

（ウクレレを持ってきて、あわのうたを唄い出す）

助産師：はい、いきんで。そう、あと少し、ほら、出て来たわ！

（赤ちゃんが助産師さんによって引き出され、取り上げられる）

　男の子よ、おめでとうございます。

音也：わあ……ようこそ！　ようこそ俺たちのところへ！

初めましてだね。俺が君のお父さんだよ！

浅子、よく頑張ったね。君はすごいよ。

ありがとう！　本当にありがとう！

（音也、感動して泣いている）

（助産師さんが赤ちゃんを浅子の胸に持っていく。浅子は赤ちゃんを見て微笑む）

浅子：無事に生まれてきてくれてありがとう。

ああ、なんて可愛いの。

うふふ、やっぱり音也に似てるわね。

音也：じゃあ、きっと男前になるよ、良かったな、息子よ。
でも、君はおとなしいね。

助産師：……おかしいわね、泣かないわ、正常分娩なのに。
（浅子が赤ちゃんの頭と背中を優しくなでる）

正勝：おぎゃあ〜、おぎゃあ！

音也：ああ、よかった。びっくりさせるなよ〜。君は人見知りかい？
男なら、もっとワイルドにいこうぜ、息子よ！
（3か月後）

浅子：もうおっぱいはいいの？　今日もあまり飲んでくれないのね。
飲んでも吐くことが多いし、心配だわ。脚も心なしかぐにゃぐにゃしているみたい。
大丈夫かしら。

音也：ただいま。農園で採れた野菜、持って来たよ。
正勝の様子はどう？　浅子、顔色悪いね。
俺が正勝を見てるから横になったらいいよ。

また夜泣きをずっとするかもしれないし。


浅子：他の人も子育てってこんな感じかしら。

母親業って本当に大変ね。世のお母さん方を尊敬するわ。

私の母もこんなふうにして私を育ててくれたのね。

今さらながら、リストカットばかりして申し訳なかったと心から思うわ。


（6か月後）


浅子：おかしいわ。まだちゃんと首がすわらないし、寝返りもうたない。

定期健診では焦らないでもう少し様子を見ましょう、と言われたけど、他の赤ちゃんはもうお座りができているわ。

焦らないでと言われても、心配で仕方がないわ。

なんで正勝だけこんなに遅れているの？ 何がいけないの？

アマテラス様、聖母マリア様、これはどういうことでしょう。

どうか正勝をお守りください。せめて首がすわって、寝返りをうてるようにしてください。


（浅子、正勝のベッドサイドで疲れて眠ってしまう。アマテラス様が白く輝く光を正勝に送る。マリア様が浅子をブルーの光で繭のように優しく包む）

音也：あれ、浅子こんなところで寝ちゃってる。
毎日ほんとにご苦労さま（浅子に毛布をかける）。
おや、正勝、目を覚ましたのか？　珍しいな、泣かないんだね。
どこを見てるの？　なんだか嬉しそうだね。
さあ、抱っこしよう。あれ？　首がすわってる！
わあ、よかった。これで寝返りもうてるようになるね。
（アマテラス様と聖母マリア様が正勝に微笑んでいる）

～1年後、病院の小児科にて～

医者：正勝君は発達障害が見られます。
この時点でははっきりとは言えませんが、いろいろな検査結果を踏まえると軽度の脳性小児まひかと思われます。

音也：小児まひ……。軽度ってどのくらいなんですか。これから歩けるようにはなるんですか。

浅子：そんな……。

医者：出生時にすぐに泣かなかったのがいけなかったのでしょうか。

先天性かもしれませんし、出生時に脳に酸素がすぐに行き渡らなかったせいかもしれません。

ただ言えることは、彼の場合は、成長するにつれ、障害を克服できる可能性が高いということです。全くなくなるとは言えませんが。

軽度なので、訓練で歩くことはできると思います。

こちらでもできる限りの治療とリハビリをさせていただきます。

音也：ありがとうございます。軽度で歩くこともできるのですね。それをお聞きして安心しました。これからもよろしくお願いいたします。


～月読平先生のカウンセリング室にて～

月：おや、育児疲れですか。ここに来られるのは1年半ぶりですね。
あれから鬱の患者さんにずっとあわのうたを聴いてもらったり、唄ってもらったりしてるんですが、聴くだけでも効果があるので本当に驚いています。
浅子：……実は先日、小児科の先生に、正勝が軽度の脳性小児まひだと言われました。

半年過ぎた頃から何かおかしいなとは感じていましたが、発達には個人差があるし、初めてだったので育児とはこんなものかとも思っていました。

音也の協力もあり、なんとか今までやってきましたが、病気だとわかって、ものすごくショックです。

私がちゃんと産んであげられなかったから、こんなことになってしまったんだと……正勝に申し訳なくて……（泣く）。


月：浅子さん、脳性小児まひは、病気ではありませんよ。

なんらかの原因で脳の一部が傷ついたことによる後遺症です。ご自分を責めないでくださいね。

それに軽度なら普通の学校に通うこともできますし、訓練次第では、健常者と全く変わらない生活を送れます。

子供は成長するという武器がありますから、早期から上手く訓練していくと、いろんなことができるようになるんです。

今はショックかもしれませんが、国のサポートもあるし、いろんな人の協力を得ながら、前向きに、できることをしっかりやっていきましょう。

それに、脳性小児まひのお子さんて、心がいつまでもきれいで、親思いの子が多いですよ。

浅子：それをお聞きして少し安心しました。
そうですね。一番大変なのは正勝なのに、私が落ち込んでいてはいけませんね。
さっそく小児科の先生のご指導を仰ぎながら、できることをやっていきます。
私も親として成長していかなくちゃ。

〜障害児療育施設にて〜

母Ａ：正勝君はおとなしくていつもにこにこして可愛いですね。

浅子：ありがとうございます。
おとなしいというか、言葉がまだ全くしゃべれないんです。

母Ａ：おとなしい方がいいわよ。
うちの子はよくパニックになって、すぐに癇癪を起こして手がつけられなくなるの。それこそ大号泣で、パニック中は抱っこも拒否されるので、本当に困るわ。
手当たりしだいに物を投げたり大声を出すので、外出はなかなか難しいし。

母B：うちの子はダウン症なんですが、言葉をしゃべれないので、自分のことをわかってもらえずにイライラするのか、同じく癇癪をよく起こします。家ではおもちゃを投げたり、コップを投げたり、絵本をばらまいたりを繰り返し、めちゃめちゃに散らかされた部屋の片づけばかりしています。公園に連れて行っても遊具を一人占めにしたり、気に入った女の子を追いかけまわしたりするので、子供だけじゃなく、保護者からもひんしゅくを買ってしまって、公園にもなかなか行けません。

母A：子供はすごく可愛いのに、そういう事が続くとやはり、怒鳴(どな)ってしまって後で後悔するわ。健常者と違って、叱られた意味を理解しないから、叱っても効果がないのはわかっているのだけど、こちらもイライラして。

母C：うちもダウン症なんだけど、叱りつけるのじゃなく、苦手なことを少しでもできたら、とにかく褒めて褒めまくるようにしているわ。

母B：頭ではわかってるんですが、なかなか言うことを聞いてくれないし、私も疲れ切っていて、正直そんな余裕はないです。

母C：お母さんだけが頑張る必要はないわ。助けてって言えばいいのよ。

私はこの子の他にあと3人子供がいて、そのうち2人は双子なんだけど、忙しい分、周りの人に助けてもらってるの。
両親はもちろん、ご近所づきあいもマメにして、いざとなったら預けられるお友達もできたの。それに煮詰まってきたら、この子をショートステイに預けるのよ。たまには一息ついたり気分転換しなくちゃ、長丁場を乗り越えられないわ。お母さんがイライラしているのが子供に一番よくないのよ。言葉がきつくなってきたり、笑顔がなくなってきたら一休みのサインね。
他にもいろんな福祉サービスがあるから、それを使いまくっているわ。

浅子： 4人もお子さんがいらっしゃるんですか。双子のお子さんまで！　それはすごいですね。私はこの子一人でも余裕がないのに、尊敬します！

母C： でも、実を言うとこの子が一番可愛いの。どんなに大変な時も、この子の笑顔を見たら、疲れなんて吹っ飛ぶわ。
ダウン症の子は天使だとよく言われるけど、本当にそうよ。この子の母親になれて幸せだわ。

A： 母は強しですねえ。僕も母に感謝しなくちゃ。

でも面と向かってありがとうって言うのは照れるなあ……。

M：順繰りなんだけど、こうやって生命のバトンは繋がってきたのよ。子を持って知る親の愛よね。みんな自分一人で大きくなったような顔をしてるけど。

あなたも母の日だけじゃなく、普通の日にも肩たたき券をプレゼントしなさいよ。

A：僕をいくつだと思ってるんですか。それは小学校の時の話でしょ。僕だって忘れてましたよ、肩たたき券のことなんて。

M：身体はでかくなっても精神年齢はその時のままってことを言いたいの。正勝君を見て。まだ3歳なのに、すごく落ちついているわ。前の修行がすごすぎて、ちょっと落ち着き過ぎの感があるわね。

A：でも、見てください。迷路の最後のところに、大きな川が見えます！川のそばには死神みたいな気持ちの悪いキャラも待ち構えていますよ！これを渡り切ったらゴールですよね。でも大丈夫かな、心配だな。

M：最後の難関ね。これこそ天上界と共働／響働しなければ難しいわね。守護霊としても腕の見せ所だわ。（腕をまくる）

A：わっ、太っ！　それ、あまり見せない方がいいですよ。

～家のダイニングにて～

（浅子と音也と正勝の３人で食事をしている）


浅子：先輩のお母さん方のお話をお聞きするのって、本当にためになるわ。

うちの子の障害なんて軽い方だわ。

なにより正勝がおとなしくて、ニコニコしてるから、赤ちゃんの時に比べてすごく育てやすくなったわ。

それにこの子の目って、なんて澄んでいて綺麗なのかしら。

いつも引き込まれそうになるわ。


音也：僕も家に帰ると正勝が笑顔で迎えてくれるので、１日の疲れが吹っ飛ぶよ。

あ、浅子のハグも最高だけどね。

家族がいるってこんなに素晴らしいもんなんだね。

浅子：福祉事務所の方や、療育所の方々の支援もいただけるし、精神面では月先生が支えてくださってるから、私たちは恵まれているわね。
この子を産んでつくづく思ったんだけど、本当に人間て一人で生きているのじゃないのね。

音也：ちゃんと結婚して夫婦になったから使えるサービスも多くて、夫婦になって良かったと思うよ。
ねえ、そろそろもう一人、家族が増えてもいいんじゃない？
（二人、見つめ合う）

正勝：ううっ！

浅子：あっ！　音也、大変!!
正勝が喉に食べ物を詰まらせてしまったわ！
（正勝が目を白黒させて苦しんでいる。音也が正勝の口に手を入れ、食べ物を吐き出させる。浅子が背中をたたく）

音也：正勝！　もう大丈夫だ。落ち着いて呼吸して。
（正勝、急に痙攣（けいれん）し始める。だんだん意識が遠のいていく）

浅子：音也、救急車呼んで！　救急車!!

A：正勝君のそばに、あの死神がいて、首を黒いひもで締めあげている！
まありんさん、太い腕をまくって早くなんとかしてあげてくださいよ～！

M：私じゃなくて、浅子さんの母としての愛が、この最難関を超える鍵なの。その愛のエネルギーとともに、私たちが一丸となって、浅子さんをサポートする段取りになってるのよ。いよいよこの人生ゲームのハイライトに突入ね。どんな展開になるか、楽しみだわ〜。浅子さん、頑張って〜。

A：げっ、めちゃ楽しんでる！　最後までドSな守護霊だな。

（救急車の中で）

隊員：吐いたものが気管に詰まっているおそれがあります。身体を横にして気道を確保し、呼吸介助を行います。

浅子：正勝！　正勝‼

音也：浅子、落ち着いて！

（死神がどんどんひもを締めあげていく）

隊員：意識が無くなりましたので、心肺蘇生をします。

浅子：正勝！　しっかりして！　死なないで‼
アマテラス様、マリア様、天に帰られたご先祖様！
どうか正勝をお助けください‼

私の命に代えても、正勝をお助けください！
死神さん、正勝じゃなく、私の命を持って行って！
（まありんが正勝のそばに降りてくる）

M：さあ正勝くん、お母さんにしゃべりかけてみて。

正勝：わかりました。
お母さん、落ち着いて。

浅子：……えっ？　正勝?!
（正勝は意識を失ったままである）

正勝：お母さん、僕はしゃべれないけど、魂では対話できるんだよ。
肉体が不具合なだけなんだ。
僕の喉に、黒いものが巻きついていて取れないんだけど、それをアマテラス様とマリア様と一緒に取ってほしいんだ。
これさえ取れたら、僕は生き返るよ。

浅子：どうやって？

正勝：お母さんがいつもやってるみたいに、深呼吸してハートの扉を全開にして、アマテラス様とマリア様のエネルギーに繋がってみて。メッセージをもらえるよ。

（浅子、心を落ち着けてやってみる。ハートの扉を開き、アマテラスとマリアに繋がると強く意図する。ハートがキラキラ輝く白い光を放ち、奥からアマテラスが現れる）

アマテラス：浅子さん、背骨の剣を取り出して。

それで正勝君の喉に巻きついている黒い紐のようなものを切断しなさい。

（浅子が自分の背骨の中にある剣をイメージすると、剣が手の中に現れる。

それを正勝ののどに当て、すっぱりと黒い紐を切る。

すると次にマリア様が現れ、キラキラ輝くブルーの光で、正勝の喉を照射する）

隊員：あ、呼吸が戻りました！　もう大丈夫です。念のため、病院に搬送します。

音也：ああ、よかった～。正勝、びっくりさせるなよ～、寿命が縮んだぜ～。

死神：くそ～！（今度は正勝に向かって大きな黒いカマを振り上げる）

浅子：正勝！　危ない!!（浅子がとっさに正勝の前に壁のように立ちはだかる。その瞬間、カマが浅子の胸に突き刺さる。胸のカガミが割れ、そこから眩いばかり

死神：ううっ！　眩しい！（圧倒的なカガミの光に照射され、跡形もなく消えていく）

アマテラス：（気を失っている浅子に光を送り、カガミを修復している）浅子さん、ここまでよく成長しました。母の愛の強さと神々しさを見せてもらいました。

浅子：（カガミが元に戻り、目を覚ます）ま、正勝は?!

正勝：僕は無事だよ。お母さんのおかげで、僕は助かったんだ。お母さんの胸にあるカガミの光で、死神が消えたよ。お母さん、とってもカッコよかった！黒い紐も消えてなくなったよ。それは今まで僕の足とか手にもまとわりついていて、すごく邪魔だったんだ。ああ、すっきりした。お母さん、本当にありがとう！

浅子：正勝！（抱きしめながら）無事でよかった！　こちらこそ、ありがとう！　生きていてくれて、ありがとう！もうそれだけで十分よ。あなたが生きてくれさえすれば、何もいらないわ（涙、涙）。

アマテラス様、マリア様、お助けいただき本当にありがとうございました！

アマテラス：いえいえ、最後は私たちのサポートなしで、浅子さんの力で乗り切ったのですよ。本当に素晴らしかったです。

無償の愛が最強の武器です。それに勝るものはありません。そして闇光には勝てないということを、身をもって示してくれました。正に、闇に勝利しましたね！　死神はあなたの死に対する恐怖の象徴でもあったのです。

あなたの、正勝君を自分の命に代えても助けようとする、その姿に天上界も照らされました。こちらこそ、ありがとう！

〜希望の王国〜

月：音也、浅子さん、カフェオープンおめでとう！

わあ、馬までいるんだね、素晴らしい！

（大型バイクから月先生と奥さんが降りてくる。二人とも黒の革ジャンを着ている）

音也：おお、こんな辺鄙なところまではるばる来てくれて、ありがとう。お前のバイク姿、久しぶりだな。奥さんも相変わらずその制服、似合ってますね。

月の奥さん：まあ、制服だなんて。もう族はとっくに卒業してるわよ（笑う）。

浅子：（目を丸くして）えっ、月先生なんですか？　どなたが来られたのかと。奥様ですか？　初めまして、月先生にはいつもお世話になっています。

音也：さすが元暴走族だけあるなあ。よくそんなでかいバイクを乗り回せるな。

月：タンデムするにはこれくらいがいいんだよ。

音也：この奥さん、名前はかぐやさんというんだけど、女暴走族のトップだった人なんだ。こんなに革ジャンが似合う40歳もいないだろ。

浅子：お二人とも、とてもかっこいいです。

ただ、月先生のイメージが……。

月：ははは、人間は見かけが9割とかいうけど、そんなに浅いものじゃないよ。ブラック読平だっているしね。

かぐや：この人、バイクに乗ると人が変わるのよ。まあ、そのギャップに惚れたんだけどね。

音也：相変わらず、仲がいいね。ごちそうさま。

（正勝が走って来る）

月：おお、正勝君、大きくなったね！

歩けるとは聞いていたけど、走れるようにもなったんだね。すごい成長ぶりだね！

音也：喉に物を詰まらせて死にかけて、そこから蘇生してからどんどんできることが増えてきたんだ。小児科の先生もびっくりしてるよ。

その先生から、ホース・アシステッドセラピーという乗馬療法を教えてもらって、障害者のために訓練された馬に乗り始めてから、さらにどんどん良くなっていってるんだよ。

これは、ほかの障害のある方々のためにもなるんじゃないかと思って、馬場を作り、セラピー馬とトレーナーを迎えて、ホースセラピークラブを作ったんだ。すると正勝の、障害のある友達も、馬に乗り始めてどんどんミラクルが起きて、驚くことばかりだよ。

月：ほう、例えばどんな？

音也：先天的に股関節や足の骨に問題があって立てなかった子が歩けたり、難病でずっと車いす生活だった人も歩くことができて、今では無理のない範囲で働いていたりするよ。

不登校や引きこもりの子供たちも、馬と触れ合いお世話をすることでずいぶん元気になって、表情も生き生きとしてきてる。ＡＤＨＤ（多動性症候群）と言われる子供たちも、すっかり落ち着いて、他の人とコミュニケーションもちゃんととれるようになってきてるよ。

馬のやさしさに触れて、馬と意思疎通でき始めると、自信もついてきて、人や社会とも関われるようになるんだね。

今では、お母さんたちがトレーナーの資格を取って協力してくれてるんだ。


月：動物には人を癒やす力があるからね。特に馬は賢いし、大昔から人と共に作業をしたり、生活の一部となっていたから、人とコミュニケーションがうまくとれるんだろうね。古くはギリシャ時代に、負傷した兵士を馬が癒やした、という記録があるみたいだし。

なによりホースセラピーは、ほかの動物セラピーとは違って、精神機能と運動機能の両方を回復させられるのが素晴らしいね。

乗馬は全身運動だし、膝や足が悪くて運動できない人にもぴったりだね。

音也：そうなんだ。馬の背に揺られるって、実はすごいことなんだよ。筋肉強化や内臓機能の向上はもちろん、馬のリズムに合わせることで平衡感覚が養われるし、その振動が脳のシナプスを活性化させるんだ。馬に乗ってる時は、今ここの感覚に集中できるしね。目線も高くなるし、気分爽快だよ。読平とかぐやさんも、ぜひ後で馬に乗って、そのすごさを体感してみて。

かぐや：わぁ！　嬉しい。馬の体温と背骨の感覚を感じたいわ。（バイクを撫でながら）今世は、冷たい機械の馬しか乗ったことないんだけど、きっと過去世では私たち、馬で疾走していたと思うのよね。

浅子：かぐやさんがカッコよく馬で高原を疾走しているところ、目に見えるようです。

かぐや：ホント？　嬉しいわ。浅子さん、私たち気が合いそうね。

キリコ：まあ月先生、お久しぶりです。

月：キリコさん、ほんとにお久しぶりですね。お元気そうでなによりです。

キリコ：浅子と音也さんがカフェをするっていうので、孫の成長もそばで見たいから、このカフェを手伝うことにしたんです。時々、正勝と一緒に馬の世話もしているんですよ。

都会と違って空気がきれいだし、音也さんの作る無農薬の麻炭肥料のお野菜もすごく美味しくて、太ってしまいました。近頃は、マコモというイネ科の植物も育てていてね。これがまた身体に良くて、免疫力も高めてくれるので、ますます健康になりました。
まあこんなところで立ち話もなんですから、中に入って冷たいマコモ茶でもどうぞ。
（「希望の王国」と書かれたカフェに入る）

月：わあ、すごい！　絵とオブジェでいっぱいだ！
墨絵もある。現代美術館みたいだね。
あ、音也のお父さんとお母さん。

音也の父：読平君、久しぶりだね。今日は私たちも招かれてこちらに来たのだよ。

音也の母：読平君、お元気そうでなによりだわ。奥様も相変わらずお綺麗ね。
ねえ、この絵は私の作品で、このオブジェは彼のだけど、墨絵は誰の作品だと思う？

月：……まさか、正勝君が？

音也の母：その、まさかの正勝よ。
彼は物静かな男の子で、流行りのおもちゃやゲームには見向きもしないんだけど、筆を持たせたら、嬉々として何時間でも遊ぶの。
書もすごくいいのを書くわ。

音也の父：正勝が作ったオブジェもあるよ。大人では考えもつかない斬新な作品ばかりさ。彼はしゃべれないけど、アーティストとしての才能は計り知れないものがあるよ。
それを伸ばしてやりたいんだ。

音也：正勝が書を書いている姿なんて、高僧にしか見えないよ。
彼は沈黙の中にいて、平安を楽しんでいるんだ。
その平安は、彼の作品を通して他の人の心に触れ始め、さざ波のように広がっていく。
それに彼の作品は愛にあふれているから、見るものを癒やすんだ。
彼に言葉は要らないんだ。

浅子：だけど、あわのうたを唄うと喜ぶわよ。いろは歌やひふみ祝詞なんかも好きね。

音也：渋いだろう。俺の子供の時とは大違いだな。

音也の母：あなたはワイルドだったわねえ。それは今も変わらないけど。

浅子：この頃は、カタカムナという渦巻き状になっている面白い文字に夢中になってるわ。縄文以前にあったのではと言われてるカタカムナ文明の文字で、80首の和歌になっているの。その文字を正勝が楽しそうに墨で書いているのよ。次はその和歌に曲をつけて歌おうかしら。

かぐや：あら！　カタカムナ！

浅子：かぐやさん、ご存じですか？

月：ご存じも何も、彼女はカタカムナについて何年も研究していて、本も出す予定なんだよ。僕も彼女のおかげでカタカムナに詳しくなって、カウンセリングでその音霊（おとだま）と形霊（かただま）を治療のツールとして使ってるんだ。

浅子：かぐやさん、すごいですね！

カタカムナを治療のツールにする月先生も素晴らしいです。

かぐや：私のちょっとした興味が、読平の仕事のお役に立てて嬉しいわ。

カタカムナを知ってるなんて、やはり浅子さんと気が合うわね。なかなかこんな話をできる人はいないから。あとで正勝君の書くカタカムナの文字を見せてくれる？　私の本の表紙に使わせてもらってもいいかしら。

浅子：もちろんです！　こんな光栄なことはありません。正勝も喜ぶことでしょう。

雨野渦子＆猿彦：こんにちは〜。希望の王国のオープンおめでとう！

浅子：わあ、先生たち！　ようこそ！

　遠いところからわざわざありがとうございます。

　三重県からだとかなりの時間がかかったのではないですか？

雨野：大事な生徒さんのハレの日に踊らせてもらうんですもの、どうってことないわ。

　本当に自然豊かで素敵な場所ね。畑にたくさんのお野菜がたわわに実ってるわね。

猿彦：馬場まであるなんて、最高だな！　今日はここに来れて嬉しいよ。

浅子：雨野先生と猿彦先生とまた一緒に踊らせていただけるなんて、光栄です。

雨野：あなたたちが、障害のあるお子さんとその保護者の方々、心の病を抱えて苦しんでいる方々のために、心おきなく集まれる場所を作ると聞いた時から、オープニングで踊らせていただきたいと思っていたの。

　ある意味、伊勢神宮で踊るより嬉しいことだわ。

音也：浅子、療養所の子供たちとお母さん方が来られたよ。

　ダンスセラピーの参加者の方たちもご一緒だね。

　さあ、これでお客さんは揃ったかな。

　では、これから、カフェ希望の王国のオープニングパーティーを始めたいと思います。

カフェの前の農園にお集まりください。

まずは、浅子のあわのうたによる、雨野先生と猿彦先生の舞で、大地に感謝をささげたいと思います。

（浅子が朗々とあわのうたを唄い出す。それに合わせて雨野渦子と猿彦が神々しい舞を踊る。岩戸開きならぬ、カフェ開きの舞を。カフェ希望の王国から、あふれるような愛のエネルギーが光の渦となって流れ出し、大海の波のように、地球全体に広がっていく。子供たちが歓声を上げ、馬場の馬たちも喜んで走り回っている）

正勝：（空を指さして）あ、虹だ。
音也：えっ、正勝がしゃべった?!
（ちょうど舞が終わり、全員で虹を見上げる。七色に輝く虹の上で、守護神たちが嬉しそうに乱舞している）
浅子：（空を見上げて）
守護神様、今まで私の歩みを天から見守り、導いてくださり、本当にありがとうございます。

最愛の家族と仲間に恵まれ、天職にも巡り合い、このような素晴らしい場を与えられたことを、心から感謝いたします。
今までいろんなことがありましたが、守護神様の目に見えないご助力のおかげで、ここまでやってこれました。
このいのちを持って、喜びとともに、天命に応えることができるよう、成長と深化に努めます。今度は私がご縁のある方々の支えになれますよう、これからも私を導いてください。

（虹が目の前に現れる。浅子、虹の橋を渡って川を超える→迷路出口）

A：わあ、浅子さん、いろんな障害を越えて、無事に最終ゴールに到達できましたね！
僕も感無量です。

M：あなたも少しは守護霊の気持ち、わかってくれた？　人の成長を見守るのは、結構忍耐がいる仕事なのよ。でもこうやってゴールしてくれると、今までの苦労が報われるというものだわ。途中でバッドエンドになる人も多いのよ。浅子さんの守護霊で本当によかったわ。
私も人間の時はわからなかったけど、いつもずっと傍らで、共に泣き、笑い、励ましてくれてる存在がいるのよね。

A：見えないだけで、人間は決して一人で歩んでいるのではないのですね。僕も肝に銘じます。これからの人生、守護神と守護霊に感謝しながら生きていきたいです。

M：ほんとうに？　うふふ〜。

A：な、なんなんですか、その不気味な笑いは。

M：浅子さんが無事にゴールして、彼女の守護霊のお役目が終わったので、次はあなたの守護霊になろうかしら。シバキがいが、いえ、やりがいがありそうだわ。愛の鞭を用意しなくちゃね。（スナップの練習をする）

A：わあ、それだけはご勘弁を〜！

アマテラス様、助けてください〜！

アマテラス：浅子さん、最終ゴール、本当におめでとう！！！

あなたを心から誇りに思います。天の祝福のファンファーレが聞こえるでしょうか。

この迷路を最後まで終えたので、あなたが本当は誰であるかをお伝えいたします。

あなたは、思井浅子ではなく、**オモイカネノカミ**なのです。**オモイカネノカミは、宇宙の叡智の象徴、高天原の知恵袋ともいうべき存在。**私が岩戸に籠ったときも、あなたの智慧で私を岩戸から引き出してくれましたね。その節は本当にお世話になりました。

この迷路を歩むにあたり、オモイカネノカミとしての一切の記憶を消して、叡智からほど遠い、思井浅子というアバターを設定しました。考えも、呼吸も浅いアバター、それが一番あなたにとって成長が見込める、ワクワクする条件だったからです。神々もまた、宇宙の法則にのっとって、進化成長をしていかなければなりませんからね。

そして、記憶を消す代わりに、自分とご縁の深い神様を守護神としてサポートを頼めるのです。いくら神々とはいえ、真っ暗な夜道を光なしで歩くのは難しいですからね。

この制限された三次元迷路で、見えない世界のサポートとともに、迷いながらもどのように障害を乗り越えて、境地と智慧を得て、最終ゴールに辿り着くことができるのか。人間として歩むことでしか味わえない感情や経験を通して、どのような愛の物語を紡ぎ、どれだけの成長と進化と貢献を果たすことができるのか。

オモイカネノカミ自身と私たち守護者はそのプロセスを見てみたかった。

封印されていても、心の深いところにいる本来の自分と繋がることができ、その叡智を引き出せるのか。そして、その叡智をも超える愛を体現できるのかを知りたかった。

それがこのゲームの真実でした。

あなたは見事に私たち見えない存在を味方につけ、数々の試練を乗り越えて、素晴らしい進化と成長と貢献を見せてくれました。このゲームで得た境地と智慧は忘れ去られることなく、しっかり魂に刻まれていきます。

さあ次なるステージは、思井兼男（おもいかねお）として、その叡智を使って、いかに人々と地球を救うことができるか、というチャレンジになります。引きこもっていた私を救ったように、たくさんの人々を闇から救い出してくださいね。

ご褒美は、銅鐸（どうたく）です。これは光の増幅器なのです。

これを鳴らすことで、地球の聖地に埋めてある同じような銅鐸が共鳴し、一斉に地球の周波数を上げていきます。

人間こそが闇と光を分別し、その力を増幅することができます。闇と光の両方を知るからこそ、神はそれを人間に託されたのです。

智慧持つ人間、思井兼男として歩む中で、闇を増幅することなく、その叡智を常に光のために使ってください。

そしてこの銅鐸を鳴らし、大地に光の胎動と共鳴を起こしていってください。

☆アマテラス様のありがた〜いお言葉

自分の本体が神であることに目覚めた同志とともに、この地に希望の王国を築いてください。

それを次世代の子供たちへ、いのちのバトンを繋いでいくのです。

その礎（いしずえ）となりなさい。どんな時も希望の種をまき続けなさい。

永遠を心に抱きながら、今を生き、その限りある時を尽くして、あなた自身の歌を謳（うた）いなさい！　喜びのダンスを踊り続けなさい！

★**第4のゾーンのテーマ**：他人や社会に貢献できる幸せを味わう
★**覚醒のツール**：守護神ノート　あわのうた　八咫の鏡
★**サポーター**：音也、正勝、月読平
★**敵キャラ**：死神
★**かけられていた呪い**：自分の本体がオモイカネノカミであることを忘れる
★**手に入れた光の武器**：銅鐸
★**思い出した叡智**：無償の愛が天と地を動かす

おまけ～Aのその後～

思井浅子の人生迷路の最終ゴールを見届けたAは、すぐに病室で目を覚ました。ずいぶん長い間夢を見ていたと思っていたが、たった1日しか経っていなかった。意識が戻った時、彼の両親は涙を流して喜んでくれた。その姿を見て、自分はこんなに愛されていたんだ、と初めて気づいた。

なのに今まで、心配ばかりかけてきて、ろくに親孝行してこなかったことを恥じた。彼が退院して最初にしたことは、ピンクのノートを買うことだった。お気に入りのブタバナ印のノートを見つけ、目をつぶって守護神に繋がると強く意図し、ノートに向かった。

すると、お父さんが長年やっているラーメン屋が脳裏に浮かんだ。この頃お父さんは、持病の腰痛が悪化して、1人で大変そうだ。ゆっくり休んで欲しい。そして自分ならもっと皆に喜んでもらえる豚骨スープと餃子を作れるんじゃないかと、ふと思った。

そんなことは今まで全く考えたことがなかったので、自分でも驚いた。

退院してからは、ＩＴの仕事に興味を持てなくなっていたので、直感に従って、彼は会社を辞めることにした。

そして日夜研究に研究を重ね、ラーメンと餃子好きの守護霊からもヒントをもらいながら、ついには行列のできるラーメン店に成長。そして有名餃子チェーンの○将から、餃子のレシピを買いたいと言われるまでになった。

ドリンクメニューのヤシの実ジュースも、ラーメンと餃子に合うと大人気だった。ハワイから取り寄せたヤシの実を割って作るので、新鮮なのだ。

毎日一生懸命汗して働き、お客さんの喜ぶ顔を見て活力をもらい、両親の笑顔に幸せを感じた。

店の休みの日には、親が忙しかったり、家計が苦しくて晩ご飯をちゃんと食べられない子供たちのために、店を解放し、食事を用意し、悩み事を聴いたり、一緒に遊んだりした。

子供たちが美味しそうに、楽しそうに食事をする様子を見るのは、彼をさらに幸せにさせた。

彼の趣旨に賛同した人々が集まって、子供食堂を手伝ったり、他でもやってくれる人が増えてきた。

そこで彼は次のステージに向かうことを決意した。

最近、守護神ノートに向かうたびに、お月様のように神秘的で神々しい光を放つ女神のような女性が目に浮かぶようになり、どうしても彼女に会いたい気持ちが抑えられなくなってきたのだ。

どこに行けば会えるのか、守護神に聞いてみたら、猿に似た風貌の男性がキーパーソンだと言う。

テレビをつけたら、まさしくそのような風貌の男性が、一緒に月に行きたい人を募っていた。

Aはこれだ！　と確信し、月でもラーメンと餃子を食べたいので、再び日夜、ラーメンと餃子の宇宙食化に取り組んでいる。

そして、その傍らには、守護霊まありんが、ベラのようにムチを片手に、いえ、三蔵法師のように慈悲深く微笑みながら、彼を見守っているのであった。

特別コラム

～宇宙最強の形霊！　守護神と繋がる御守マーク活用術～
（特典付録：カバー裏折り返し巻末のシンボル解説）

カタカムナ第6首（そらにもろけせゆえぬおを　はえつぃねほん　かたかむな）を六芒星のマカバで囲み、それをアマテラスのエネルギーで結界を張った形霊です。

15年以上前に、淡路島の伊奘諾神宮のご神木のそばにある、伊勢神宮遥拝所で瞑想をしていた時に、この形が上からくるくると降ってきました。

これがどういう意味を持つのか、さっぱりわかりませんでしたが、

「この形霊を日本中に広めなさい」

という声が聞こえたので、私のオリジナルのお香である「アマテラス香」（巻末広告を参照）のパッケージに印刷して、全国に販売することにしました。

当時、古神道研究家の故たちばなのりとし氏に見ていただいたところ、これは宇宙最強の形霊である、と言われました。この形霊が、高天原の最高神であるアマテラスタマ（天照霊）と響き合い、一体になり、次元上昇するためのツールになりうると。

そして、誰もが持っている高天原の記憶を呼び起こし、宇宙神とのムスビを回復す

るのを助けるとも言われました。

私は、宇宙神とのムスビの回復が可能なら、自分の守護神や守護霊とのムスビの回復にも役立つのでは、と思いました。

実際にこの形霊を脳裏に浮かべながら、目を閉じて守護神や守護霊に感謝の思いを向けると、温かい気持ちになったり、インスピレーションが湧いてきたり、その存在を身近に感じることができました。

そして、この形霊を見ながら魂振り（たまふり、振魂ともいう）をしながら、アマテラスオホミカミと10回唱えると、分子、細胞レベルがアマテラスの光によって浄化、再調整され、さらに高次の存在たちと繋がりやすくなります（魂振りについては後述）。

［使い方］

この形霊は、守護神や守護霊と繋がるのを助けますから、交流したい時は依り代としてお使いいただけます。

オーラ場に強い結界を張るので、瞑想の時にそばに置いたり、常に持ち歩くことで、お守りがわりになります。

電磁波が心配な方は、切り取ってパソコンや携帯などに貼ってもいいでしょう。

また、宇宙の高次元エネルギー（高天原）と共振共鳴しやすくなるので、波動がどんどん上がります（低い波動は高い波動に引っぱられるので）。それだけでなく、場所や関わる人の波動も上がっていきます。つまり、自分が歩くイヤシロチになるのです。

玄関やリビング、寝室などに置いて、そこを、パワースポットのようにすることもできます。

［魂振りのやり方］

①形霊を目の前に置いて、足を軽く左右に開いて真っ直ぐに立つ
②深呼吸をして、息を吸いながら合掌、両手を頭上に上げる
③左手を上、右手を下にして十字に組み、丹田の前にもっていって、手を激しく上下に振る
④肩の力を抜き、丹田に力を込め、肛門を締めて腋の下も軽くしめ、手を激しく上下させながら、「アーマーテーラースーオーホーミーカーミー」と10回ゆっくり声に出して唱える

あとがき

思井浅子の人生ゲーム、楽しんでいただけたでしょうか。

彼女はオモイカネノカミが自分に封印をかけ、この世界を遊ぶためのアバターでした。

この物語は浅子だけでなく、主な登場人物のほとんどを、日本の神様のアバターに設定しました。例えば、須佐野音也はスサノオ、瀬尾律子は、瀬織津姫というように。違うのは、外国人と、浅子のお母さんの思井キリコくらいです。浅子と違う名字にするのも変ですから、神様の名前にするのは諦め、思い切りの良さが彼女の特徴ということにして、名前を付けました。月先生の奥様も、日本の神様の名前ではないですが、月と言えばかぐや姫、ということで、大目に見てくださいね。ちなみに、浅子の息子の正勝はアマテラスの子のマサカツアカツカチハヤヒアメノオシホミミから名づけました。

なぜ今回、アバターを日本の神様の名前にしたのかというと、日本古来の神道には、いっさいに神が宿るという万物同根思想と、自霊拝（身の内にある神を拝む）という考えがあるからです。

ご存じのように、神社には鏡が置かれていて、自分が鏡に映った自分を拝します。正しくは、自分の中にいる神を拝するのですが。

その行為は日常生活で忘れ去られている、自分が神であることの自覚を促します。

神道がなぜ、禊に始まり禊に終わると言われるほど、浄めることを大切にするのか。人として生きていく中で身についてしまった垢（＝エゴ、偽りの自分）を落とすと、本当のあなた、神の分け御霊（みたま）のあなたの光が現れるからです。それを拝み、さらなる進化を自分自神に誓うのです。

地球に来る前は、ほかの星々の住人でした。エネルギー体の時も、半霊半物質の時もありました。地球上においても、人間が登場するまでは、水だったり風だったり、山だったり、木々だったこともあります。

人間になることとは、期限付きでたくさんの経験と感情を味わえるので、とても人気です。高次元では、想定外とか予測不可能という状態は経験できないし、喜怒哀楽や

ハラハラドキドキもないのです。一寸先は光なので、躓（つまず）くことも、間違えることすらできないのです。もちろんどんでん返しもありません。

人間になることは、迷う楽しさを経験し、失敗から学ぶことができる、またとないチャンスです。

私たちは、新しい体験を求めて、多様に展開するこの世界に直接触れたくて、この世界にやってきました。

自分とは違う価値観の人々と出会い、様々なカオスを経験し、そこで味わった感情を通して、自分のなぞ解きをしていきます。

大まかなシナリオは、**守護神と守護霊とともに決めてきますが、目の前に刻々と現れるカオスに、どのような気持ちでタッチするかで、結果は全く違ってきます。そこがこのゲームの醍醐味でもあるのです。だから、私たちはカオスと出会うために、この世界に生まれてきたといっても過言ではありません。次は何がやってくるか、ワクワクドキドキのアドベンチャーゲームです。**

どんな過酷な条件であっても、この条件から学び、成長し、貢献すると決めたのは、あなたです。この人生ゲームは、あなたのためだけにあります。何と贅沢なことでしょうか。だからゴールするまで、そのプロセスを思いっきり味わい、楽しんでくださ

い。

目に見えない応援団のことも忘れないでくださいね。

そして、そこで獲得した叡智をもって、また次の冒険に旅立ちましょう。神の好奇心は尽きることがないのですから。

まありん
波動を上げる専門家@ヒーラー&カウンセラー
兵庫県生まれ。国生み伝説の島・淡路島で、自然に囲まれのびのび育ち、太陽のような明るさで楽しく豊かな毎日を謳歌し続けている。

幼少時から見えない世界に親しみ、中学2年生の時に高橋信次氏に出会う。それ以降、現在に至るまで、魂についての学びを続けている。

単刀直入で明快なカウンセリングは、人生を劇的に好転させると評判を呼び、日本のみならず、海外からも相談者が訪れるようになる。音やマントラや石を使って行うプラーナ管ヒーリングは、結果が出るヒーリングとして人気が高く、プロのヒーラー達も定期的に受けに来ている。

セミナーや講演会も人気。オリジナルのお香を使っての、場の浄化も得意とする。

名前の由来は、イギリスのグラストンベリーに旅したとき、いわゆる「光の体験」をして「まありん」と3回呼びかけられたことから。その後調べると、アーサー王物語に出てくる伝説の魔法使いマーリンと同じ名前であることを知り驚きつつ敬愛するためにも使わせて頂くことに。

ミッションは「天と地をつなぐ光の増幅機」になること。その実践の1つ、ライフワークとして、アメリカ、ハワイ、ペルー、イースター島、イギリス、台湾などの世界の聖地にて光の柱を立てる活動も20年近く続けている。

プライベートでは「うれしい♪楽しい♪ナルシー♪」をモットーに生きる人たちの協会「ナルシー協会」を設立し、会長に就任。自分のあらゆる面を素直に受けいれてOKを出し、自分と他者を慈しみ、人生を楽しみながら生きる人たちを増やす活動にいそしんでいる。

主な著書に、『瀬織津姫とムー大陸再浮上』『磐長姫[イワナガヒメ]超覚醒!』(ヒカルランド)など。

ホームページ
https://merlin135.wixsite.com/home
https://ameblo.jp/miroku22/

開運心願に導く最強の味方！
《守護神》との超対話

第一刷　2021年5月31日

著者　まありん

発行人　石井健資
発行所　株式会社ヒカルランド
〒162-0821 東京都新宿区津久戸町3-11 TH1ビル6F
電話 03-6265-0852　ファックス 03-6265-0853
http://www.hikaruland.co.jp　info@hikaruland.co.jp
振替　00180-8-496587

本文・カバー・製本　中央精版印刷株式会社
DTP　株式会社キャップス
編集担当　溝口立太

ISBN978-4-86471-888-2

今、貴方に最も大切なメッセージを
特別ソウルリーディング
【東京・神楽坂限定】超プレミアム個人セッション
オーラ活性とプラーナ管浄化ヒーリング付き

講師：まありん

人生を劇的に好転させるカウンセリングと評判を呼び、ヒーリングも結果が出ると大人気、一般のクライアントだけでなく、企業経営者や芸能関係者、さらには同業者、海外からも相談者が訪れるまありん個人セッション。通常は、神戸や淡路島など関西中心ですが、今回特別に、東京・神楽坂イッテル珈琲での開催が実現しました。

プラーナ管の浄化ヒーリング、オーラを整えエネルギー活性化、具体的なご相談リーディングという三段階のスペシャル構成。さらに、通常ではオプションとなる、ブレない自分軸ができる陰陽融合ワークも加えた超限定プレミアム個人セッションです。現状を変えたい、新たな人生を一歩踏み出したいという方、お待ちしております。内容詳細は、ヒカルランドパークＨＰ申し込みサイトをご覧ください。

日時：2021年９月19日（日）　11：00～18：00（御一人様１時間）
　　　2021年９月20日（月・祝）　11：00～16：50（御一人様１時間）
料金：54,000円
会場：神楽坂イッテル珈琲　申し込み：ヒカルランドパーク
（珈琲ご希望の方、別途1,000円にてご提供）

９月19日（日）
A）１人目　11：00～12：00
B）２人目　12：10～13：10
C）３人目　14：40～15：40
D）４人目　15：50～16：50
E）５人目　17：00～18：00

９月20日（月・祝）
F）１人目　11：00～12：00
G）２人目　12：10～13：10
H）３人目　14：40～15：40
I）４人目　15：50～16：50

本といっしょに楽しむ ハピハピ♥ Goods&Life ヒカルランド

著者まありん
関連グッズ

オーラや場、物の浄化に

観音香
3,300円（税込）

貴重な老山白檀をふんだんに使った、上品な香りのお香です。煙が出ますので、人のオーラや、場や、物の浄化に適しています。贈り物にも重宝されています。

結界張りやリラックスしたい時に

「宇宙最強の形霊！　守護神と繋がる
御守マーク」を箱に使用！（本書付録と同様）

アマテラス香～瞑想用～
3,300円（税込）

没薬、乳香、安息香を配合した、煙の出ないお香です。灰は落ちずにそのまま固まりますので、手でつまんで捨てられます。煙が出ないので、どんな場所でもお使いいただけます。箱にパワーシールを印刷していますので、使い終わった後も捨てずに活用していただけます。場の結界を張る時や、深い呼吸でリラックスしたい時などにお勧めです。